AI销冠

一个人顶一个团队的销售术

唐兴通 ◎著

机械工业出版社
CHINA MACHINE PRESS

图书在版编目（CIP）数据

AI销冠：一个人顶一个团队的销售术 / 唐兴通著. --
北京：机械工业出版社，2025.6 (2025.8重印). -- ISBN 978-7-111
-78201-8

I. F713.365.2

中国国家版本馆CIP数据核字第2025K1X552号

机械工业出版社（北京市百万庄大街22号　邮政编码100037）
策划编辑：孙海亮　　　　　　　　责任编辑：孙海亮　章承林
责任校对：颜梦璐　马荣华　景　飞　责任印制：常天培
北京联兴盛业印刷股份有限公司印刷
2025年8月第1版第2次印刷
147mm×210mm・8.25印张・3插页・205千字
标准书号：ISBN 978-7-111-78201-8
定价：89.00元

电话服务　　　　　　　　　　网络服务
客服电话：010-88361066　　　机 工 官 网：www.cmpbook.com
　　　　　010-88379833　　　机 工 官 博：weibo.com/cmp1952
　　　　　010-68326294　　　金 书 网：www.golden-book.com
封底无防伪标均为盗版　　机工教育服务网：www.cmpedu.com

赞誉

（按姓氏拼音排序）

销售的本质是促进合适的人决定采购合适的产品或服务，其成功之要义就在于"合适"。从信息匮乏的过去到信息爆炸的今天，用户面临的信息不对称，从"不知道有什么"变成了"不知道选什么"。而销售的功力则始终体现为是否拥有卓越的判断力，能否以用户的成功为中心匹配出合适的产品，以合适的内容迅速抓住用户，从而促进用户做出选择，实现交易。成功的销售人员往往只有经过千锤百炼才能打造出这样的"如炬目光"和"如风速度"。

大数据和 AI 时代，DeepSeek 等 AI 产品完全能够以秒级速度精准匹配出合适的人，精准生成合适的内容，其合适程度可能接近甚至超过经验丰富的销售人员。仅靠旧有经验工作的销售人员会被 AI 替代吗？会被可轻松驾驭 AI 的数字化世界原生"后浪们"轻松超越吗？想必不少销售同人已经开启了忧虑模式。

唐兴通先生的这部新作基于 AI 带来的无限未知,为帮助销售人员与时俱进提出 4D 销售方法论,为我们站在 AI 的肩膀上,有效打造个人品牌的辨识度,传递打动用户的内容,建立用户的信任,持续提升用户黏度,提供了思考方向和实现路径。

每个时代变迁的大潮下都既有被淹没、被碾压的沙砾,也有脱颖而出、熠熠生辉的珍珠。让我们分享思考,携手创新,抓住 AI 时代的机遇,让销售这个古老的职业焕发新生。

——IBM 大中华区首席营销官　李玲

第一次见到唐先生是在一个数字化生态大会上。他在会上进行了题为"数字化战略,速度与赢得未来的关键"的分享,给我留下了深刻的印象。

过去的几年里,数字化取得了巨大的进步。例如 WFH(远程办公)、在线活动和流媒体等。我不是 AI 专家,但我注意到 AI 与数字化密切相关:数字化使 AI 成为可能,AI 增强了数字化并以闪电般的速度创建了有用的信息。

唐先生的新书将重点介绍 AI 如何改变销售的开展方式,在 AI 时代销售人员面临的挑战以及存在的机遇。我强烈推荐这本书给任何想要了解怎么利用 AI 工具来实现可持续增长和继续保持领先的销售人员。

——梅特勒托利多大中华区 MO 总裁　林桂兴

春江水暖鸭先知。在跨国公司从事市场工作 20 年,以我对 IT 与软件行业的了解,传统销售与市场顺应数字化浪潮进行变革已经迫在眉睫。拜读了兴通兄的新作,我深受启发,这本书为市场和销售从业者提供了新的思路。无论你是强关系型销售人员还是技术型销售人员，都需要直面 AI 时代带来的危机。

书中提出的"4D 销售方法论"极具前瞻性和实操性，从定义个人品牌到深化客户关系，全方位重塑了销售逻辑。我一直都相信，即使在 AI 高度智能的未来，人与人之间的连接依旧是实现销售不可替代的因素。与其望洋兴叹，不如看看本书，它将帮助你打造个性化的销售之道，赢在 AI 时代。

——SAP 亚太区业务营销副总裁　全载坚

在 AI 浪潮下，销售本质未变——依然是人与人的连接与价值传递。AI 拓展了连接空间，释放了内容创造力，为价值传递注入新内涵。销售人员唯有重新定义自我，才能在这片新战场实现业绩飞跃。

这本书提出"4D 销售方法论"，通过塑造个人品牌、传递内容、深化关系和发展自我，助力销售人员借助 AI 工具敏锐洞察需求，高效建立连接，精准传递价值。这部实战宝典将帮助销售人员重塑竞争力，在拥抱 AI 时代的同时，回归销售的初心。

——西门子（中国）高级副总裁　宛兵

在"奇点更近"的今天，AI 正在深刻重塑销售行业。唐兴通老师的这本书为传统销售从业者提供了一盏明灯。书中提出的"4D 销售方法论"，从定义个人品牌、传递内容、深化关系到发展自我，为销售人员在 AI 时代转型提供了清晰路径。

作为一名在销售与管理领域深耕多年、见证行业变迁的从业者，我深知销售模式在不断进化，也知道传统销售模式的局限。我经常对公司同事讲："人工智能不会取代你，一个正在使用人工智能的人会取代你。"所以未来的销售人员需要一个随时可用的 AI 工具箱。

　　这本书不仅可帮助销售人员打破旧有框架,更能赋予销售人员拥抱新技术、创造新价值的能力。它不仅是销售人员的转型指南,更是引领未来销售趋势的必读之作。

——思科中国区原副总裁　张坚

| 前言 |

站在 AI 浪潮之巅，重塑销售之魂

我们正站在一个前所未有的十字路口。人工智能的浪潮席卷而来，重塑着我们生活的方方面面。销售行业，这个与人性和商业紧密相连的领域，正面临着巨大的挑战和机遇。作为一个长期致力于销售咨询和培训的从业者，我深深感受到这种变革的力量，也看到了许多销售人员眼中的迷茫和焦虑。

回想起过去的日子，无论是在 B2B（企业对企业）类企业大客户销售培训中，还是在零售类企业的一线指导过程中，抑或是在银行的客户经理培训中，我总是能感受到一种矛盾：一方面，这些勤勉的销售人员在尽力适应市场的变化；另一方面，他们仍然在用着传统的销售思维和方法来应对数字时代的挑战。我不禁要问：我们的销售方式到了"大修"转型期，那么销售的下一阶段会是什么样子？

在这个供给充分、产品同质化严重的时代，谁掌握了客户，谁就掌握了未来。销售，正在从一个单纯的交易环节，演变为整个商业生态中的核心枢纽。然而，令人忧虑的是，大多数销售人员似乎还沉浸在过去的辉煌中，固守着那些早已不合时宜的方法。他们就像是手持蜡烛的工匠，站在电力时代的门槛上，犹疑不前。

正是基于这样的忧思，我决定写这本书。这不是一本讲销售管理的书，而是一本致力于帮助每一位销售人员在 AI 时代实现高效销售与自我精进的书。我希望通过这本书，能够回答一个简单而又关键的问题：**在 AI 时代，一个普通销售人员每一天应该做些什么？**

这个问题看似简单，答案却涉及销售行业最根本的转型变革。

让我们先来直面一个普遍存在的误解。在我与销售人员的交流中，常常听到"面对面沟通是最有效的"这样的观点。有一次，我在为某大型银行进行培训时，一位年轻的客户经理提出了一个问题，让我久久不能平静。他问："在这个客户更喜欢在线交流的时代，我们还需要像以前那样频繁地拜访客户吗？"这个问题道出了许多销售人员的心声，也点明了我们所面临的核心挑战。**的确，传统销售依赖于人与人之间的直接互动，但在如今数字化的浪潮中，这种观念需要重新审视。销售人员需要从传统的"拜访"模式中走出，主动拥抱数字空间的无限可能。**数字空间的崛起，让我们有了更多的选择和可能性。我们可以通过各种数字工具，将自己的声音传递给更广泛的受众。

我深知人们的不安与惧怕。许多人更愿意待在舒适区，而不愿意去迎接未知的挑战。就像一件静止的物体，如果没有外力作用，它会一直保持原状。但是，我想说的是，你不需要一蹴而就地完全改变自己的销售方式。你可以从一个简单的点开始：让 AI 帮你从烦琐的日常销售工作（文山会海）中解脱出来，从而有更多的时间与客户进行真正有价值的销售互动。等尝到了甜头，你自然会慢慢地去尝试更多：内容销售、个人品牌建设、数字化客户关系维护……这是一个循序渐进的转型过程，但每走一步都会让你离未来更近一些。

在本书中，我会谈到不少技术概念，如人工智能、大数据等。但我想特别强调的是，真正改变未来销售工作的其实是空间的转变。**未来的销售活动，无论是客户开发、需求挖掘，还是客户关系维护，都将从传统的物理空间转移到数字空间。一个优秀的销售人员，必须在这个新的空间中建立起强大的个人销售能力。**当然，这并不意味着传统销售技能就变得无关紧要了。相反，只有将数字空间的技能与传统的销售技巧、谈判能力、人际交往能力等结合起来，才能成为真正的销冠。这就是所有销售人员必然要经历的进化过程。

基于这样的认知，我提出了"4D销售方法论"。这个方法论包括4个关键维度：定义个人品牌、传递内容、深化关系、发展自我。

首先是个人品牌。在从公司品牌到产品品牌，再到个人品牌的演进过程中，每一个销售人员都需要建立自己的个人品牌意识。我并不奢望每个销售人员都能具备网红级的超级个人品牌，但你至少需要有意识地塑造自己的专业形象，建立起值得信赖的个人标签。在数字空间中，这种个人品牌的塑造变得尤为重要。因为在这个空间里，客户不再是通过搜索引擎或电话簿而是基于他们脑海中的印象和关键词标签来寻找供应商。如果你无法在这个弱连接的世界中呈现出你的个人品牌，你就很可能失去大量的销售线索和客户信任。

其次是传递内容。**在 AI 时代，内容成为销售人员在数字空间**

开展工作的唯一抓手。你如何通过内容来开发客户、挖掘需求、推动谈判，甚至维护客户关系？这是传统销售培训中很少涉及的领域，但在未来，它将成为核心竞争力。**随着 AI 大模型的出现，每个销售人员都可以成为内容创作的高手。**能否成为销冠，不再取决于你是否有专业的内容创作能力，而在于你是否真正理解客户需求，是否有心为客户创造价值。只要你有这样的初心，再结合本书提供的 AI 赋能的内容销售方法，你就有机会成为新时代的销冠。

再次是深化关系。很多人认为，销售的核心就是建立个人关系，而这种关系必须通过面对面的接触来建立。然而，随着人类活动越来越多地转移到数字空间，我们与客户建立关系的方式也必须随之改变。**这并不意味着传统的关系建立方式就完全过时了，而是我们需要在数字空间中找到新的方式来深化关系。**通过精心设计的内容以及 AI 工具的辅助，我们同样可以展现对客户的关注，洞察客户的需求，陪伴客户成长。这种数字化的关系维护，不仅高效，还能够促进销售转化。

最后，也是最重要的一点，就是发展自我。在这个知识更新速度不断加快的时代，终身学习已经成为每个人的必修课。对销售人员来说，要跟上行业发展的步伐，要与客户保持同频交流，这些都需要不断学习和更新知识。更重要的是，AI 时代销售人员的核心能力、世界观、日常管理机制和时间分配机制都需要重新构建。每个销售人员的差别主要体现于是否愿意学习，以及如何学习。我坚信，只要有学习的意愿，没有一个销售人员是无法完成转型的。

在思考自我发展的时候，我们需要站在未来的角度看待当下。想象一下 5 年甚至 10 年后的销售行业，那时的销售人员每天会做些什么？他们应该具备哪些核心能力和世界观？这就是我们发展自我的指向标。确定了这个方向，我们就可以有针对性地创新销售方法与流程，培养相关能力，改变认知模式。

在本书中，你会看到很多具体的方法和工具，但我希望你能记住的是背后的信条：永远保持好奇心，永远站在客户的角度思考问题，永远追求为客户创造更多价值。这些才是真正的销售之道。

无论是B2B还是B2C（企业对消费者）领域，全球的销售人员都正处在一个转型的关键时期。新的方法论还在形成过程中，稳定的新秩序尚未到来。但无论如何，我们都应该具备探索的勇气，积极拥抱变化，面向未来。我希望你和我都能拥有这样的气魄和决断力，积极拥抱AI和数字社会带来的新机遇，为探索个人职业发展甚至是整个社会的新边界做出自己的贡献。

这是一个充满机遇与挑战的时代。最终的结果，取决于你做出什么样的选择。

这本书，是一本写给所有销售人员的关于AI时代销售方法论与精进跃迁的指南。在这个变化莫测的世界里，你自身的方法认知与核心能力才是你生存的法宝。与其追求稳定的工作，不如追求能够持续为社会创造价值的技能。我相信，这本书能够给迷茫与焦虑的销售人员以启发，能够让大家以坚定的眼神、从容的内心，勇敢地面对即将到来的AI时代。

让我们携手同行，在这个激动人心的新时代中，重新定义销售的价值，重塑销售的灵魂。未来已来，让我们一同拥抱这个充满无限可能的明天！

唐兴通
于一然斋

目录

赞誉

前言　站在 AI 浪潮之巅，重塑销售之魂

第 1 章　销售的三大危机：身份危机、业绩危机与认知危机　001

1.1　销售：不只是职业，更是人人必备的核心技能　002

1.2　身份危机：从尊重自己开始，不是低人一等　004

　　1.2.1　从一个故事开始　004

　　1.2.2　确认身份，开启人生光明之路　005

　　1.2.3　数字时代销售人员是什么　007

1.3　业绩危机：销售面临对话质量与效率的挑战　009

　　1.3.1　买家和销售人员的对话质量越来越高　009

　　1.3.2　销售效率大比拼　011

1.4　认知危机：销售人员操作系统升级换代　012

第 2 章　AI 时代 4D 销售方法论　020

2.1　AI 引领的销售　021

　　2.1.1　AI 与销售的关系　021

2.1.2	AI 在销售过程中的 7 个创新应用	022
2.2	超级销售员：AI 如何将普通销售人员变成销售冠军	027
2.3	销售人员工作的地方：物理空间与数字空间	030
2.3.1	数字空间：新战场的规则与挑战	031
2.3.2	物理空间：传统战场的变革与机遇	032
2.3.3	销售的未来：物理空间与数字空间的共舞	034
2.4	AI 时代销售业绩公式：如何实现业绩倍增	034
2.4.1	让传递信息的人次指数级增长	035
2.4.2	提升转化率	036
2.4.3	提高客单价	038
2.5	4D 销售方法论，引领 AI 时代的销售革命	038
2.5.1	定义个人品牌：获得信任与影响力	040
2.5.2	传递内容与深化关系：销售工作的双引擎	041
2.5.3	深化关系：AI 时代客户关系养成	043
2.5.4	发展自我：持续精进与跃迁	044
2.5.5	4D 销售方法论的整体观	046

第 3 章　定义个人品牌：获得信任与影响力　　048

3.1	从企业品牌到个人品牌：AI 时代的销售变革	048
3.1.1	品牌演变动力学的底层逻辑	049
3.1.2	从马克思劳动理论看品牌演变：揭示未来销售的底层逻辑	050
3.1.3	未来趋势的洞见	053
3.2	学习网红：打造数字时代的销售人员个人品牌	054
3.3	个人品牌定位三大核心，让客户对你另眼相看	057

XIII

3.3.1　个人品牌原型：选择一个鲜明、独特的个人品牌　059

3.3.2　品类思维：客户是用品类来思考的　065

3.3.3　专业值得信赖：销售个人品牌基座　068

3.4　按照个人品牌剧本演出，成就销售巅峰　073

3.4.1　激活你的个人品牌原型：让客户看到独一无二的你　074

3.4.2　心智占领战：品类思维帮你成为客户的首选　075

3.4.3　超越销售：信任构建之旅，打造成专业的代名词　077

3.5　社交媒体时代：销售人员必学的个人品牌打造之道　078

3.5.1　选择合适的平台：个人品牌的展示窗口　078

3.5.2　优化社交媒体上的个人资料　080

3.5.3　社群和在线平台：建立和维护关系的工具　082

3.5.4　举办和参与在线活动　083

3.6　塑造与维护个人品牌的独特性　084

3.7　从濒临崩溃到重塑辉煌，个人品牌危机自救攻略　087

第 4 章　传递内容：AI 时代销售的核心抓手　091

4.1　新销售革命：内容传递的艺术　092

4.1.1　重新定义销售行为　092

4.1.2　内容传递：销售的新定义　093

4.2　AI 时代的销售日常工作主线　094

4.3　激发购买欲：内容驱动数字销售增长的秘密　098

4.3.1　内容与日常销售目标的紧密联系　098

4.3.2　AI 让激发销售的内容生产更容易　100

4.4　销售话术三大角度：将线下话术转化为在线内容　101

4.4.1　展示产品或服务的质量、卖点和特性　101

4.4.2　展示产品与竞品的对比优势　　103
　　4.4.3　激发情感与价值的共鸣　　104
4.5　数字化销售的技艺：文字、图片、音频、视频的
　　　完美结合　　105
　　4.5.1　文字魔法：用文本优雅地撬开客户的钱包　　107
　　4.5.2　图片的力量：如何用图像撼动销售　　109
　　4.5.3　温暖与专业：用好音频销售这件秘密武器　　111
　　4.5.4　视频内容的力量：将产品故事讲到顾客的心坎里　　113
4.6　销售人员内容销售实践：新销售过程　　114
　　4.6.1　销售人员日常工作概述　　115
　　4.6.2　客户开发　　117
　　4.6.3　需求挖掘与评估　　119
　　4.6.4　销售展示和沟通　　122
　　4.6.5　成交和谈判　　125
　　4.6.6　客户关系建立和经营　　127
4.7　从开场白到成交：AI让销售人员事半功倍的全攻略　　129
　　4.7.1　客户拜访时的开场白和自我介绍　　129
　　4.7.2　展示公司/产品简介，引发需求意识　　131
　　4.7.3　产品细节阐述和案例分享　　131
　　4.7.4　回应客户疑虑的论据和解说　　133
　　4.7.5　对比竞品防御式销售内容　　134
　　4.7.6　感谢客户的贺函/短信　　135
　　4.7.7　邀请客户参与公司活动的内容　　136
4.8　超越算法与内容：如何高效把内容传递出去　　137

XV

第 5 章 深化关系：AI 时代的客户关系养成　　142

5.1 数字时代的销售艺术：深化客户关系的认知　　143
5.2 深化关系 IDIC 框架　　148
5.3 客户分类让你更高效　　149
5.3.1 为何要进行客户分类　　150
5.3.2 客户分类的标准　　150
5.3.3 如何实施客户分类　　152
5.4 个性化关系深化：持续赢得客户的四大策略　　153
5.5 读懂客户人格风格，采取不同的关系相处之道　　158
5.5.1 分析型客户相处之道　　159
5.5.2 干劲型客户相处之道　　161
5.5.3 亲切型客户相处之道　　162
5.5.4 表达型客户相处之道　　163
5.6 高手的秘密：捕捉客户重要时刻以深化关系　　165
5.7 点赞评论的力量：社交媒体互动的艺术　　168
5.8 避免打扰但保持联系：王成的客户维系完全攻略　　170
5.8.1 通过社交媒体建立初步联系　　171
5.8.2 利用多种渠道保持定期联系　　171
5.8.3 提供有价值的信息　　172
5.8.4 在社交媒体上互动　　172
5.8.5 真诚且个性化的沟通　　173
5.8.6 保持适度频率，避免打扰客户　　173
5.9 科技赋能深化关系：CRM 系统带你走向巅峰　　175
5.10 化解客户投诉的艺术：如何赢得客户忠诚　　177

第 6 章　发展自我：AI 时代持续精进与跃升　　181

6.1　为什么"发展自我"是关键　　182

6.2　制订 AI 时代自我提升行动计划　　183

6.3　销售人员自我发展的方向与新必修课　　186

 6.3.1　跨界学习：打造你的"T 形知识结构"　　187

 6.3.2　情商提升：在数字世界中重塑人际连接　　188

 6.3.3　打造你的个人品牌：从销售代表到思想领袖　　189

 6.3.4　心理韧性：在变革的浪潮中保持定力　　189

 6.3.5　学习的技艺：从被动接受到主动创新　　190

6.4　AI 时代销售新技能到哪去学习　　191

 6.4.1　在线课程：系统化学习的首选　　191

 6.4.2　向行业领导者学习：站在专家的肩膀上　　192

 6.4.3　线下工作坊和行业会议　　193

 6.4.4　专业论坛：交流与分享的碰撞地　　194

6.5　培养 AI 新销售技能的路径：从基本动作到习惯养成　　197

6.6　高手的秘籍：如何将 AI 新技能完美融入销售工作　　203

6.7　高效平衡工作、学习与个人生活　　207

 6.7.1　时间管理对销售人员的重要性　　207

 6.7.2　优先级设置的实践策略　　208

 6.7.3　平衡工作和学习　　209

 6.7.4　保持工作与生活的平衡　　210

第 7 章　未来销售，每天都在做些什么　　211

7.1　销售的未来：4D 销售方法论下的新选择　　212

 7.1.1　4D 销售方法论的核心理念与构成　　212

  7.1.2　4D销售方法论与传统销售模式的区别　　214

 7.2　AI时代的销售人员：每天的核心任务与全新工作方式　　215

 7.3　从恐惧到自信：销售人员在AI时代的新定位　　219

附录A　AIGC提示词技巧与模板　　221

附录B　AI时代销售人员的工具箱　　231

附录C　销售人原型特质量表　　235

参考文献　　243

第 1 章

销售的三大危机：身份危机、业绩危机与认知危机

在人工智能席卷全球的今天，销售这个古老而永恒的职业正面临着前所未有的挑战与机遇。我们站在一个奇点上：传统销售方式正在迅速褪色，而数字化、智能化的新型销售模式如雨后春笋般涌现。在这场巨变中，销售正遭遇着三重危机：身份危机、业绩危机与认知危机。

身份危机源于角色的重新定义。AI 时代的销售不再是简单的产品推销者，而是价值创造者、决策促进者和关系构建者。我们需要重塑自我认知，拥抱这个全新的身份。业绩危机则体现在对话质量与效率的双重挑战上。面对信息灵通的客户，我们必须提供更深层次、更有价值的对话内容，同时借助 AI 工具提升工作效率。而认知危机，则是对我们固有思维模式的一次彻底颠覆。我们需要重构对销售本质的理解，将人性化服务与数字化工具有机结合，在 AI 与人类智慧的交汇处，开创销售的新纪元。

这三重危机既是挑战,更是机遇。它们迫使我们不断进化,在这个瞬息万变的时代中保持竞争力。本章将深入探讨这些危机,为你揭示 AI 时代销售的新图景,助你在这场变革中不仅能生存,更能脱颖而出。

1.1 销售:不只是职业,更是人人必备的核心技能

销售群体在就业群体中占比很高。虽然销售角色在各个公司与行业称呼不同,常见的岗位名称有销售人员、销售专员、销售经理、销售代表、商务拓展、客户经理、大客户销售、渠道经理、销售工程师、销售支持岗、销售主管、销售总监、客户专员、客户总监、海外销售、软件销售、医疗销售、汽车销售、地产销售、置业顾问、银行客户经理、销售代表、销售顾问、电话销售、渠道销售经理、招生顾问、课程顾问、保险规划师、网络销售、续约销售、保险经纪人、保险代理人……但是在这个人工智能大行其道的时代,如果你还把销售看作那种拎着公文包穿梭于写字楼之间的职业,那你可就大大落伍了。销售不仅是一个职业,更是人工智能时代每个人必备的核心技能。无论你是 CEO(首席执行官)、程序员还是家庭主妇,销售都是你不可或缺的技能。

首先,我们得明白一个道理:**在这个世界上,凡是涉及价值交换的地方,就有销售的存在。**

当你在工作面试中尽力展现自己的能力,试图说服 HR(人力资源)人员你是最佳人选时,你就在进行销售;当你在朋友聚会上向大家推荐你最近发现的一家超级好吃的餐厅时,你也在进行销售;当你在社交媒体上晒出你的旅行照片,吸引点赞和评论时,那也是一种销售。

然而,在人工智能时代,销售的意义已经远远超出了传统的范

畴。现在的销售不仅是推销产品或服务的技能，更是一种思维方式和生活态度的体现。它要求我们不断地学习新知识，掌握新技能，以适应快速变化的市场和社会需求。它要求我们具备敏锐的洞察力，能够洞悉人性，理解客户的需求和欲望。它还要求我们具备出色的沟通能力和说服能力，能够在各种场合下有效地传达我们的想法和观点。

想想那些成功的科技公司，比如苹果、特斯拉、亚马逊，它们的成功离不开创新的产品和技术，但更重要的是，它们都擅长销售。它们不仅是在销售一部手机、一辆汽车或者一个在线平台，它们更是在销售一种生活方式、一种价值观，甚至是一种梦想。这就是销售的力量，它能够创造需求、塑造品牌、引领潮流。

在人工智能时代，销售的边界已经被无限扩大。每一个人都是自己品牌的代言人，我们每天的言行，都是在向这个世界销售我们自己。因此，掌握销售技能就等于掌握了一种生存技能。

然而，要想成为一个优秀的销售人员，仅有销售技能还不够，还需要具备对数字化工具的熟练运用能力。在AI时代，销售不再局限于面对面的交流，更多的是通过网络平台和社交媒体进行。因此，掌握数字化方法，比如社交媒体营销、内容营销、数据分析等，对于销售人员来说至关重要。

销售已经成为人工智能时代每个人必备的技能。无论你是谁，无论你在做什么，只要你在这个社会上生存，你就会无法避免地参与到销售中来。所以，不妨从现在开始，学习和提升你在AI时代的销售沟通技能吧！因为在这个万事万物皆是销售的时代，谁掌握了销售技能，谁就掌握了未来。

如果你还没有意识到销售的重要性，那么现在是时候开始重新审视它了。

1.2 身份危机：从尊重自己开始，不是低人一等

对于销售来说，第一件事就是树立一种自尊、自重的价值感，这是开始一切具体销售动作的前提。

在 AI 时代，不论技术如何发展，如果不能解决销售身份危机问题，那么一切都是虚无，新销售也就无从谈起。

在这个翻天覆地的 AI 时代，销售工作的本质并未改变，但形式却发生了剧变。无论科技如何飞速发展，销售人员都承担着建立关系、传递价值的重任。然而，一股无形的力量正在冲击着这个行业——身份危机。

1.2.1 从一个故事开始

你是否也曾在某个尴尬的场合，不自觉地认为自己"低人一等"？当面对客户的白眼或冷嘲时，你内心是否开始自我贬低？在 AI 无所不能的时代，销售这份职业似乎暗淡无光、略显卑微。我特别喜欢霍斯特·舒尔茨与王阳明的案例，也许它将彻底改变你对销售工作的看法。

霍斯特·舒尔茨是丽思·卡尔顿酒店的创始人，他根据自己在丽思·卡尔顿的实战经验，写了《像绅士淑女一样服务》。书名来源于丽思·卡尔顿酒店的信条：我们会以绅士淑女的态度，为绅士淑女们忠诚服务。

霍斯特于 1939 年出生在德国的一个小村庄。在当地人心目中，酒店服务员是一份身份低微的工作，跟绅士淑女的形象相差万里。但是，霍斯特就是不放弃梦想。这样的僵局持续了三年，直到霍斯特十四岁的时候，他的父母终于妥协了，把他送到村外的寄宿学校，学习酒店专业。

从学校毕业后，霍斯特被安排去一家豪华酒店当学徒。在火车

上，母亲说了这么一句话，咱们体会一下："儿子，这家酒店是为那些身份显赫的先生和女士准备的，我们一辈子都住不进去。你要记得好好洗澡！不要做任何越线的事。"你看，母亲也认为酒店服务者是卑微的，与那些高贵的绅士淑女是两类人。

他谨遵着母亲的教诲，小心翼翼地工作着。直到他遇到一个人，这个人对他的人生至关重要，彻底地扭转了他对服务员岗位的认识。这个人就是他的师父——卡尔·泽特勒。

当卡尔在餐桌前服务时，霍斯特看到了神奇的一幕。他娴熟地在餐厅的各个桌子前周旋着，热切地与客人们交谈。客人们会抬着头，认真地与他聊天。在霍斯特看来，客人甚至把留卡尔在桌边当成一件自豪的事。服务员和客人的身份似乎颠倒了。这跟母亲的说法完全相反。

在学徒生涯结束时，霍斯特郑重地写下了一句话："我要以绅士淑女的态度为绅士淑女们忠诚服务。"霍斯特接着写道："就像我的师父一样，我们并非只是服务行业里卑微的侍者，我们可以通过努力得到认可，拥有高级的身份。"这句话后来被霍斯特奉为丽思·卡尔顿酒店的座右铭。霍斯特通过自己的故事告诉我们，作为一个服务者，首先不能有卑微感，要看得起自己。

销售和服务行业其实出奇相似。优秀的销售员，不仅要售卖一件产品，更要传递价值感、建立美好关系。而这正源自销售员对自我身份的认同和尊重。一旦我们学会尊重自己，便自然能赢得他人的尊重。

1.2.2 确认身份，开启人生光明之路

可以说，确认身份影响了王阳明的一生。余姚民间传言，郑夫人怀孕十四个月才生下王阳明。出生那天，王阳明的奶奶岑氏梦到"神人衣绯玉云中鼓吹，送儿授岑"，这完全是"神仙送子"的阵势

啊！因此，爷爷王天叙给他取名王云。之后岑老太太见人就说、逢人便讲，十里八乡没有不知道的，所以"乡人传其梦，指所生楼为'瑞云楼'"。王阳明在潜移默化中也认可了自己不凡的身份。后来，王阳明取得的成就证明了这种身份确认多么重要。咱们这里不讨论岑氏是否真的做了那个梦，也不讨论整个故事的真实性，我只想说，这种心理的暗示和自我的认可，对于个人后期发展是极其重要的。下面我们就继续来看王阳明的故事。

王阳明五岁了还不会说话。有一天，他在街上与一帮小朋友嬉戏玩耍。有个老和尚路过，就说了一句"好个孩儿，可惜道破"。老和尚说的是不是这句话没法考证，反正王阳明的爷爷听成了这句话。我想，王阳明的爷爷可能就是想找个理由给小王云改名。王老爷子一琢磨，"云"不就是"说"的意思吗？既然不能"道破"，那就不能用"云"作为名字，于是他赶紧给王阳明改名王守仁。民间有一个传闻，说这个老和尚是王阳明爷爷花钱请来的专业演员，目的是让王阳明确认自己拥有与众不同的身份。

十一岁的王阳明跟着状元父亲王华到了北京。有一天，他与同学在街上溜达，遇到了一个相面先生，一看王阳明就赞叹："须垺领，其时入圣境。须至上丹毫，其时结圣胎。须至下丹田，其时圣果圆。"这算命先生的夸奖给了王阳明很强的心理暗示，这种心理暗示很有效，在王阳明稚嫩的心灵里播下了一颗成圣成贤的种子。自此之后，"先生感其言，每对书辄静坐凝思"，认定学做圣贤是第一等事。民间传闻这位算命先生是他父亲花钱请来的专业演员，目的也是想让王阳明明白其未来是要成为圣贤之辈的。

在上面一番经历后，当老师问孩子们为什么要读书时，王阳明眼神坚定、内心从容地讲出："读书做圣贤。"这个回答的背后正是他对自己身份的认同，他最终也成为自己想成为的人。

至于那个老和尚和算命先生是不是王阳明的长辈请来的群众演

员，以辅助其达成心理暗示，我想这些都不重要，重要的是你从故事悟出了什么道理。

身份认同体系是由一整套信念和假设塑造的，与身份不相符的行为不会持久。如果你不改变支配着你以往行为的负面身份认同，你就很难改变自己，更无法塑造持久的竞争力。

想要做好新销售，个人身份与信念力最为重要。相信"相信"的力量！因为你要一直按照自己认为的身份来演出、塑造并坚守。你除了需要尊重自己，更需要确认你是谁。

1.2.3　数字时代销售人员是什么

数字时代的销售身份究竟是什么？

首先，**我们是价值的创造者**。在信息爆炸的今天，客户往往被海量的选择困扰。作为销售，我们的使命是深入了解客户的痛点和需求，然后将我们的产品或服务与之完美匹配。我们不是在销售产品，我们是在销售解决方案、销售价值。想象一下，当你站在客户面前时，你不是来推销一件商品，而是提供一把能开启他们成功之门的钥匙。这种心态上的转变，会彻底改变你与客户互动的方式。

其次，**我们是决策的促进者**。在复杂的商业环境中，做出正确的决策往往并不容易。作为销售，我们的角色是通过提供专业的洞察和建议，帮助客户做出明智的选择。我们不是在强迫客户买东西，而是在帮助他们找到最适合的解决方案。想象你自己是一位值得信赖的顾问，客户依靠你的专业知识来穿过数字化浪潮中的重重迷雾。这种定位会让你的价值瞬间提升。

再者，**我们是问题的解决者**。在数字时代，产品和服务的同质化越来越严重。真正能让我们脱颖而出的，是我们解决问题的能力。我们需要具备敏锐的洞察力，能够发现客户自己可能都没意识到的问题，并提供创新的解决方案。试想一下，当你能够帮助客户解决一个长期困扰他们的问题时，你在他们心目中的地位会是怎样的？你不再是一个推销员，而是一个助力者。关键在于你能否从传统销售人员的关注点切换到买方的关注点来换位思考与解决问题。

传统销售人员的关注点	买方的关注点
我怎样才能完成额定任务，怎么才能找到客户	我们到底需要什么样的方案解决生意中遇到的关键问题
今年客户有购买的打算或预算吗	我们怎样选择最佳方案
我需要准备一个展示所有优点的绝佳方案	我们怎么评价方案之间的具体差异
我需要让客户知道我的方案优于其他方案	我们怎么看待每个方案的风险性
我需要跟决策者取得联系	我们怎样确定哪个商家更可信
我必须在本季度结束之前拿下这笔生意	我们怎么确定这个资源很必要并且能够确保方案的顺利实施
我需要做完这笔生意接着做下一笔	我们怎样评估项目的实施效果

最后，**我们是关系的构建者**。在这个数字化的时代，人与人之间的真实连接变得越发珍贵。作为销售，我们有机会与客户建立深厚的、持久的关系。这种关系不仅基于交易，更是基于信任和理解。想象一下，当你的客户把你视为长期的合作伙伴，而不仅是一次性的交易对象时，你的事业会有怎样的发展空间？

所以，请你铭记：**销售不是在乞讨，我们在创造价值；我们不是卑微的，我们是客户成功的关键推手**。让我们以自信和骄傲迎接每一天的挑战，因为我们正在为这个世界创造真正的价值。

在这个数字化的浪潮中，让我们重新定义销售，让我们成为能够理解客户、为客户解决问题、创造价值的专业人士。这不仅是一种职业转型，更是一场身份认知的革命。拥抱这种新的身份哲学，你会发现，销售不再是你不得不做的工作，而是一项你热爱并为之自豪的事业。因为你知道,每一天,你都在帮助他人、创造价值,推动这个世界向前发展。

1.3 业绩危机:销售面临对话质量与效率的挑战

随着 AI 时代的到来,客户的购买行为发生了根本性变化。他们更多地依赖互联网来获取信息,进行商品比较和购买决策。因此,销售人员需要通过数字化渠道接触和影响潜在客户,比如社交媒体、短视频、直播等。只有这样,才能跟上客户的步伐,抓住销售机会。

1.3.1 买家和销售人员的对话质量越来越高

以前的销售对话往往是"单向输出"模式,主要由销售人员发出声音,将产品和服务的基本信息传递给买家。买家听着、点头,最后或许有些简单的回应和疑问。这种模式下,买家处于被动接收的位置,对话质量自然不太高。销售人员的主要任务是对产品的卖点、功能、优势进行重复叙述,买家只需静听。

但是在如今这个信息无处不在的数字时代,这种低质量、单向式的销售对话模式已经行不通了。这就好比,你去餐馆点菜,服务员为你热情推荐,可你对这家店的菜品早已了如指掌。对方的介绍不但多余,而且让你感到有些不耐烦。

在与销售人员接触之前,买家已经通过数字化渠道获取了大量关于所需产品和服务的信息。他们可能在小红书、百度、大众点评等平台上浏览过详细介绍,也可能在某个视频社交平台看过相关产品测评。总之,对于基本功能、规格参数之类的内容,买家不再像过去那样"一无所知"。他们很可能已经对你的产品和服务有了全面的了解,甚至对竞品也有初步的印象。

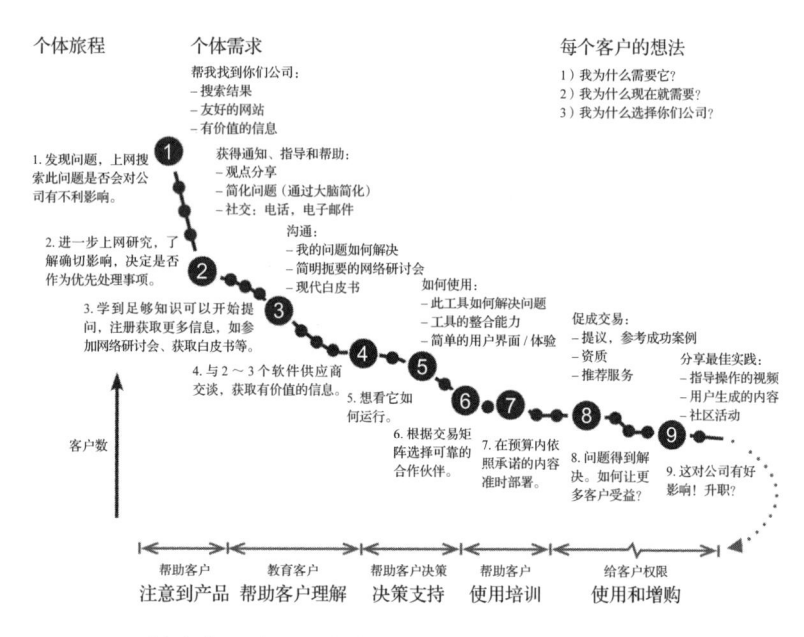

个体旅程	个体需求		每个客户的想法

个体需求

帮我找到你们公司：
− 搜索结果
− 友好的网站
− 有价值的信息

获得通知、指导和帮助：
− 观点分享
− 简化问题（通过大脑简化）
− 社交：电话、电子邮件

沟通：
− 我的问题如何解决
− 简明扼要的网络研讨会
− 现代白皮书

如何使用：
− 此工具如何解决问题
− 工具的整合能力
− 简单的用户界面 / 体验

促成交易：
− 提议、参考成功案例
− 资质
− 推荐服务

分享最佳实践：
− 指导操作的视频
− 用户生成的内容
− 社区活动

每个客户的想法

1）我为什么需要它？
2）我为什么现在就需要？
3）我为什么选择你们公司？

个体旅程

1. 发现问题，上网搜索此问题是否会对公司有不利影响。
2. 进一步上网研究，了解确切影响，决定是否作为优先处理事项。
3. 学到足够知识可以开始提获更多信息，如参加网络研讨会、获取白皮书等。
4. 与 2～3 个软件供应商交谈，获取有价值的信息。
5. 想看它如何运行。
6. 根据交易矩阵选择可靠的合作伙伴。
7. 在预算内依照承诺的交期部署。
8. 问题得到解决，如何让更多客户受益？
9. 这对公司有好影响！升职。

客户数

帮助客户注意到产品 | 教育客户帮助客户理解 | 帮助客户决策决策支持 | 帮助客户使用培训 | 给客户权限使用和增购

面对这样有备而来的"知情买家"，我们的销售人员想要交上好"答卷"就必须跟上节奏，调整对话模式。我们不能再像过去那样，重复讲解一些毫无价值的基本信息，而是要主动升级对话内容，着力于与买家探讨个性化的实用细节，以及如何更好地满足其特定需求。

例如，如果一位食品企业家对智能冷藏设备感兴趣，销售人员与之对话时，可以直接聊该设备如何与企业现有的生产环节对接，以及能够实现什么特色功能，进而提高生产效率、节省运营成本等。

由于大家的知识水准不再相差太大，双方可以比过去更加直接、高效地交流，无须再浪费时间于烦琐的基础工作。销售人员如能洞察买家实际关注的"痛点"，并提供具体可行的解决方案，对话质量必将更高，成交率也就水涨船高。

与此同时，由于买家通过数字化渠道已获悉了很多竞品信息，销售人员在对话中不得不拿出自家真才实学，与同行产品和服务做详细对比。这样一来，买家不仅可以听到个性化解决方案，还能全面了解产品的独特优势和竞争力。

以前在传统时代,销售人员往往是一言堂,自说自话、随意夸大其词。但在今天,面对有备而来的买家,我们每说一句话都必须经得起事实和数据的检验。这种对话氛围无疑将推动双方都更加诚实务实,提高了沟通效率。

举个实践案例。

一家大型连锁酒店准备在全国范围内引进新一代智能化客房管理系统,以提升服务水准。几家竞争对手的销售人员都已来回拜访过,晓以利害、远近闪耀。可当轮到我辅导的销售团队推销时,他们在开场白中就坦言:"我们注意到,贵方对这一系统的功能和特点都已有所了解,因此今天我不打算再重复那些基本介绍,而是希望聚焦于贵方的实际需求,共同探讨一下如何更好地将系统与酒店业务有机融合……"如此开诚布公的说话方式很快就影响到采购方。接下来的一个多小时,双方围绕着系统的本地化适配、特色功能研发、实施培训等诸多问题进行了深入探讨。酒店方对他们的真知灼见连连赞赏,不无感慨地说:"你们是唯一一家直奔主题与我们进行了实质性沟通的公司!"最终,在这种高质量的专业对话氛围中,这个销售团队赢得了客户的信任,成功拿下订单。

这个案例折射出了数字时代买卖双方对话质量的巨大变革趋势。

1.3.2 销售效率大比拼

随着经济形势的反复波动,很多公司的预算都出现了不同程度的减少和压缩。在这种背景下,如果我们的销售效率不高,行动力不足,那就很可能被竞争对手抛离在后。反过来说,如果我们的工作效率更高,能更好地把有限的资源用在刀刃上,就能在激烈的市场竞争中取得优势,抢占先机!因此,提高销售流程效率是 AI 时代销售人员实现销售目标、推动事业发展的根本保证。

当然，光靠嘴上说说是远远不够的，我们要有实实在在的行动方案和举措。比如，借助人工智能等新兴技术，将一些低接触、重复性的工作交给智能化工具，腾出时间和精力专注于实际销售。以某为工程机械企业提供咨询服务的公司为例，过去几年引入了AI销售辅助系统，能自动完成线索分类、信息推送、数据分析等烦琐工作，让销售人员腾出双手，把主要精力放在与客户的交流和服务上，效果立竿见影，仅仅六个月，销售人员的平均拜访客户数就提高了20%，新签订单数增长15%，还新开拓了57个重点大客户。销售经理们都认识到智能系统能助力快速提升工作效率。

某知名日化公司最近推出的移动销售办公系统就是一个很好的例子。通过一个简单的手机App，销售人员可以随时随地完成从产品介绍到订单处理，再到费用报销的全过程。这不仅大大减少了内勤工作量，还让销售人员能够更灵活地安排时间，提高客户拜访频率。一位使用该系统的销售代表分享了他的体会："以前我每周至少要花一整天在办公室处理文书工作，现在这些工作都可以在路上或者与客户会面间隙完成。我的客户拜访量增加了近50%，而且因为能够及时响应客户需求，我的成单率也明显提高了。"

在AI技术与数字化工具的加持下，销售人员的效率提升有了更高的可能性。然而，任何技术的成功都离不开人的主观能动性。拥抱新技术、不断创新，才是销售人员在这个竞争激烈的市场中保持优势的关键。无论是B2B还是B2C，销售的本质都是建立在与客户信任和高效沟通基础上的。销售人员的主动性、创新精神将成为撬动效率的最大杠杆，让他们可以保持长久的竞争力。

1.4 认知危机：销售人员操作系统升级换代

在这个被人工智能（AI）主宰的大时代，我们每个人都是一台运行着旧版操作系统的古董计算机，销售人员更是如此。说到重构销售人员的认知,这不是进行一次简单的软件更新,而是需要彻底摧毁那个"重启三次才能正常工作"的系统,并安装一个全新的、与时俱进的操作系统。

破除认知枷锁并不意味着我们全面拥抱 AI,把所有的事情都交给机器去做。这不是把人踢出局,而是如何让人和机器协同作战。我们需要的是一种新的思维方式,一种能够通过数字化工具和 AI 增强我们的销售技能而不是取代它们的思维方式。

例如,对于个性化的销售推广,AI 能够帮助销售人员创建高度个性化的销售信息,这些是能够触动客户痛点和需求的信息,而不是那种让人打瞌睡的"一刀切"式话术。想象一下,每一条销售信息都像是为客户量身定制的西装,不仅合身,还能让他们感到被重视和理解。这不仅是销售,更是一场心灵的交流。

在今天,你要想做好销售,不仅需要成为半个产品专家、半个市场分析师、半个心理学专业人士,还需要成为具备一定天赋的演员,能随时在腾讯会议、ZOOM 会议进行激情十足的"表演"。在信息爆炸的今天,客户已经能轻易获取他们想要的所有信息。所以,**销售人员的角色已经从单纯的"卖东西的人"变成了"提供价值的专家"**。

销售人员的认知重构过程并不容易实现,这会伴随着痛苦与怀疑,但只有重构了才能获得重生。基于我过往咨询与辅导企业的经验,总结得到 5 个大部分销售人员持有的错误观点,甚至是根深蒂固的观点。

错误观点	正确认知与行动建议
数字化销售只适合 C 端个人客户,不适合 B 端企业客户	数字化销售适用于所有类型的销售,包括 B2B 和工业品销售。利用数字化工具可以更有效地管理客户信息,实时跟踪客户需求变化,做出精准的销售策略
安心做线下,不学习数字化销售也没关系	在高度数字化的时代,消费者的购买行为已经发生了根本性的变化。学习数字化销售对于拓宽客户群、提高销售效率至关重要

（续）

错误观点	正确认知与行动建议
短视频营销、内容营销等与销售个人关系不大	个体销售人员可以利用社交媒体、短视频、AIGC（人工智能生成内容）等工具来有效传递信息，带来线索与订单。建立自己的社交媒体形象，分享行业洞察、产品知识、客户案例，增加个人品牌的曝光度
数字化销售就是学会使用数字化销售软件	数字化销售不仅要学会使用软件，还要从销售团队每个人做起，从每个人的行为数字化做起。真正的数字化销售是能够让销售团队的每一个成员借助数字化方法来更高效地开拓客户与留住客户，从而带来订单
从传统销售转型到数字化销售，太难，学不会	任何一项新技能的学习都需要时间和努力，数字化销售也不例外，但这并不意味着它是不可攀登的高峰。只要你有决心，愿意投入时间和精力去学习和实践，就一定能够掌握数字化销售的技能

1. 数字化销售只适合C端个人客户，不适合B端企业客户

在销售的广阔天地里，有一个流传甚广的迷思：那些身处大客户销售、B2B销售、工业品销售战场的老兵们，往往坚信数字化销售只适合那些追求C端个人客户，而对于他们这些面对组织间购买、招投标、复杂决策、决策周期长、人员复杂的销售类型来说，数字化销售似乎是不太靠谱的异类。

让我们来捋一捋这个问题，这种认知存在一个很大误区。

首先，我们要认识到，数字化销售不仅是推送一些广告，发发社交媒体帖子那么简单。它是一种全新的销售模式，涵盖了从客户关系管理、数据分析到客户开发、内容营销等多个方面。对于大客户销售、B2B销售和工业品销售来说，这些都是不可或缺的武器。

通过数字化工具，销售人员可以更有效地管理客户信息，实时跟踪客户的行为和需求变化，从而做出更精准的销售策略；利用数据分析，可以帮助销售人员洞察行业趋势和竞争对手动态，把握销售先机。

通过线上沟通平台，销售人员可以突破时间和空间的限制，与

客户保持更紧密的联系；而内容营销，则可以帮助销售人员在复杂的决策过程中，有效传递专业知识和解决方案，提升客户的信任度。

其次，我们要明白，在数字化时代，不论是 C 端客户还是 B 端客户，他们的购买行为都在发生变化。他们越来越习惯于在线查找信息、比较方案、做出决策。如果大客户销售、B2B 销售和工业品销售人员忽视了这一点，坚持只用传统的销售方法，那么他们很可能错失大量的销售机会。

最后，我们要清楚，AI 时代的到来，是大势所趋，不可逆转。对于大客户销售、B2B 销售和工业品销售来说，拥抱数字化销售，不仅是一种选择，更是一种必然。只有适应 AI 时代的变化，才能在激烈的市场竞争中立于不败之地。

那些认为数字化销售只适合面向 C 端客户销售，不适合大客户销售、B2B 销售和工业品销售的观点，是时候被打破了。在这个数字化的时代，每一位销售人员都应该学会利用数字化工具，提升自己的销售能力，拓展销售边界，创造更多的销售奇迹！

这本书在写作之初就确定了一个定位：兼顾 AI 时代的 B2C、B2B 类销售。

2.安心做线下，不学习数字化销售也没关系

在销售的世界里，总有一些人自信满满，认为自己的传统线下销售业务做得还不错，仿佛已经找到了通往成功的秘籍。他们认为，只要安心做线下，不学习数字化销售也没关系。然而，这其实是一个巨大的认知误区，就像是在机械化时代，依然执着于手划船，而忽视了驶向成功的电动快艇。

在这个高度数字化的时代，消费者的购买行为已经发生了根本性变化。他们更多地依赖于网络获取信息，进行商品比较和购买决策。如果销售人员只专注于传统线下销售，而忽视了数字化销售，那么他们就会失去大量潜在客户，错过无数的销售机会。

此外，数字化销售不仅能够帮助销售人员拓展客户群，还能提高销售效率。通过社交媒体、AIGC、短视频等数字化渠道，销售人员可以在短时间内接触到大量潜在客户，实现精准转化。同时，数字化工具还可以帮助销售人员实时跟踪客户反馈，及时调整销售策略，提高转化率。

总之，对于销售人员来说，抱有"只要安心做线下，不学习数字化销售也没关系"这种想法是极其危险的。这是给自己的顽固找的一个借口，不可取。

3.短视频营销、内容营销等与销售个人关系不大

在销售人员的世界里，存在一个普遍的误解：**社交媒体营销、短视频营销、内容营销等都是营销部门的事情，与销售个人没有太大的关系**。然而，这种观念已经被 AI 时代的潮流淘汰。事实上，个体销售人员完全可以借助社交媒体、短视频、AIGC 等工具有效传递信息，带来线索与订单。

社交媒体不仅是年轻人晒照片、发状态的地方，更是一个充满潜力的销售平台。作为个体销售人员，你可以建立自己的社交媒体形象，分享行业洞察、产品知识、客户案例，这样不仅能增加个人品牌的曝光度，还能吸引潜在客户的注意力，进而转化为线索和订单。

当然，短视频营销也是一个不容忽视的战场。在短短几分钟内，通过生动有趣的视频内容展示产品特点或使用场景，可以迅速捕获观众的兴趣，激发其购买欲望。而且，相较于传统的营销方式，短视频更加直观、易于传播，为销售人员提供了一个低成本、高效率的营销手段。

至于 AIGC，这是近年来兴起的一种新型内容创作方式。销售人员可以利用AIGC工具生成个性化的营销文案、图片或视频，不仅能节省大量的时间和精力，还能确保内容的新鲜度和吸引力。

人工智能助力新销售

- AIGC工具
  用于创建个性化内容的工具
- 节省时间和精力
  通过自动化减少工作量
- 数字化新销售
  利用内容进行销售
- 个性化内容
  为个人客户定制的内容
- 新鲜度和吸引力
  确保内容保持相关性和吸引力
- 客户开发
  通过数字化拓展客户

虽然个体销售人员不需要像营销部门那样花大量的钱来获取注意力与品牌曝光，但通过个人的努力，完全可以做到数字化新销售，获取有效线索与订单。在这个数字化时代，每个销售人员都应该成为自己的营销部门，利用手中的工具和资源，开拓更广阔的市场。

4.数字化销售就是学会使用数字化销售软件

在今天的AI时代，每当听到"数字化销售"这个词时，许多企业领导的第一反应往往是：上系统、上软件！仿佛只要在公司的管理系统里加上几个看起来高科技的软件，销售业绩就能够突飞猛进，客户就会自动排队而来。然而，现实往往是残酷的——这些被寄予厚望的数字化销售管理软件、CRM（客户关系管理）系统，常常会变成摆设，不能真正融入销售人员的日常销售过程以及客户开拓与维护中。

说到底，数字化销售不是数字化销售管理软件的堆砌。企业层面热衷于上系统、上软件，往往忽略了一个关键因素——数字化需要从销售团队每个人做起，从每个人的行为数字化做起。真正的数字化销售，能够让销售团队中的每一个成员借助数字化工具来更高效地开拓客户与留住客户，从而带来订单。

不幸的是，许多企业在数字化转型的过程中，往往过于注重工具和软件的选择，而忽视了对销售团队数字技能的培训和文化建设。它们没有意识到，数字化工具只是手段，真正的目的是通过数字化来优化销售流程，提高销售效率和客户体验。如果销售团队不能有效地使用这些工具，那么再先进的软件也只是徒增成本，无助于业绩的提升。

因此，企业在推进数字化销售的同时，需要注重销售团队的培训和新工作流程的塑造。只有当销售团队的每个成员都能够熟练地使用数字化工具，将数字化融入日常的销售过程中，企业的数字化转型才能真正成功，才能真正实现高效地开拓客户与留住客户，提升业绩。

5.从传统销售转型到数字化销售，太难，学不会

现实接触下来，许多销售人员认为，从传统销售转型到数字化销售是一条充满荆棘的道路，难度之大简直就像是要他们攀登珠穆朗玛峰一样，觉得自己走不通。然而，这种想法其实就像是把一块小小的鹅卵石当成了一座大山，无疑是对自己能力的一种低估。

首先，我们要明确一点，任何一项新技能的学习都需要时间和努力，数字化销售也不例外。但这并不意味着它是不可攀登的高峰。事实上，随着科技的发展和教育资源的丰富，学习数字化销售变得比以往任何时候都要容易。网络上有大量的教程和案例分析，帮助你从零开始学习数字化销售的各个方面。

其次，将传统销售转型到数字化销售并不意味着要完全抛弃传统销售的技能和经验。相反，很多传统销售的技巧在数字化销售中同样适用。比如，良好的沟通能力、深入了解客户需求、建立信任等，这些都是决定销售成功的关键因素。所以，作为一名经验丰富的传统销售人员，你已经具备了成功转型的基础。

最后，从传统销售转型到数字化销售，虽然有一定的难度，但绝非你想的那么难。只要你有决心，愿意投入时间和精力去学习和实践，就一定能够掌握数字化销售的技能，开启AI时代销售成功的新篇章。

在AI大时代，销售人员的认知需要重构。你要承认数字化、AI给我们带来了前所未有的变革和挑战。这不仅是一场技术革命，更是一次对销售人员认知架构的全面重构。**过去，我们的销售工作可能更多依赖于直觉、经验和人脉，但在AI时代，这些都需要与内容、数据、算法和自动化工具相结合，形成新的销售方式。**

第 2 章

AI 时代 4D 销售方法论

在这个由 AI 主导的时代，销售行业正经历着一场前所未有的变革。无论是 B2B 还是 B2C 领域的销售人员，都必须适应这一巨变，重新定义自己的角色和价值。

本章将带领你深入探讨 AI 时代的销售本质，揭示 AI 如何重塑销售流程的每个环节。我们将详细阐述 AI 如何增强销售能力，从自动化的行政工作到数据驱动的销售策略制定，再到个性化的客户沟通。你将了解到，在这个新时代，销售不再仅是一份工作，还是一门融合了科技、数据、心理学和人际关系的复杂艺术。

更重要的是，本章将为你呈现一个革命性的销售方法论——4D 销售方法论。这个方法论将指导你在 AI 浪潮中定位个人品牌、制定内容销售法，在数字空间深化客户关系以及通过持续学习保持竞争力。

2.1 AI 引领的销售

在数字化浪潮席卷全球的今天，人工智能正悄然改变着商业世界的方方面面。作为企业收入的主要来源，销售领域自然成为 AI 应用的重要阵地。然而，AI 在销售中的应用并非一蹴而就，而是经历了一个循序渐进的过程。

在这场浩荡的数字革命中，AI 无疑是最闪耀的明星。它不仅彻底改变了各行各业的运作方式，还深刻影响了销售领域。 在我们跨入 AI 时代的门槛时，销售人员的角色和职责正经历前所未有的变革。这个变革不仅是技术层面的，更是思维和方法论的革新。无论是面对企业客户（B2B）还是面对终端消费者（B2C），销售人员都必须迅速适应这种新常态。首先，我们需要探讨 AI 对销售到底意味着什么。

2.1.1 AI 与销售的关系

让我们先回顾一下销售的本质。从古至今，销售的核心始终是"人"，是人与人之间的互动，是洞察需求的能力，是建立信任的艺术。然而，AI 的出现似乎挑战了这一传统观念。但事实真的如此吗？

首先，我想告诉你的事实是：AI 并不是什么神秘的黑科技，也不是什么不可捉摸的"超级大脑"。事实上，AI 的核心就是将人类过往积累的知识和经验进行数字化，然后以更高效、更智能的方式重新呈现出来。**AI 本质上是一个极其强大的工具。它就像是我们大脑的延伸，智慧的加持，能够以惊人的速度处理海量信息，发现人眼难以察觉的模式，并做出专业的反馈。**

现在，让我们把视角转向销售领域。想象一下，如果我们能将数百年来最优秀的销售人员的经验和技巧全部提炼出来，形成一个庞大的数字知识库，这个知识库里包含了从古至今每一个成功的销售案例、每一个有效的谈判技巧和每一个巧妙的成交方法，同时我们赋予这个销售知识库学习和推理的能力，使它能根据不同场景为我们提供建议与帮助，那么我们的销售工作会变成什么样子？以前这种假设只能是幻想，如今它却照进了现实，AI 可以帮我们实现这一切，而这就是 AI 在销售领域最根本的应用。

举个例子。假设你是一名 B2B 销售代表，正准备拜访一个重要客户。在 AI 时代，你的准备工作可能是这样的。你会先启动你的 AI 助手。它立即开始分析你的客户公司的所有公开数据，如财务报告、新闻报道、社交媒体动态等。在短短几分钟内，它就为你生成了一份详尽的客户洞察报告。这份报告不仅包含了客户公司的基本情况，还预测了其可能面临的挑战和机遇。更厉害的是，AI 还根据过往成功案例，为你制定了一套针对性的销售策略和谈判话术。

当你走进客户的办公室时，你已经胸有成竹。你知道该说什么，该怎么说，甚至知道在谈判中可能遇到的每一个难题该如何应对。这就是 AI 赋能后的销售工作。但是，这时有人可能会问："这样一来，我们这些销售人员的价值何在？AI 会不会取代我们？"我的回答是：绝对不会！

2.1.2　AI 在销售过程中的 7 个创新应用

初期阶段，AI 更多的是作为一种工具，用来解决传统销售中的种种痛点和顽疾。它就像是一把瑞士军刀，为销售人员提供了多种强大的工具，帮助他们克服困难，提升效率。然而，这仅是 AI 重塑销售的开始。随着技术的不断进步和应用的深入，AI 将开始改变销售的日常流程与工作内容，甚至重新定义销售的本质。

1. 自动化的行政工作

烦琐的行政工作一直是销售人员的噩梦，而 AI 正在将他们从这些琐事中解放出来。从会议安排、邮件回复到合同生成、报价单制作，AI 都能高效完成。这不仅提高了工作效率，更让销售人员能够将更多精力投入到真正需要人际互动的高价值活动中。

2. 全渠道的无缝客户体验

在数字化时代，客户往往通过多个渠道与企业互动。AI 正在帮助销售团队实现全渠道的无缝衔接。无论客户是通过网站、社交媒体、电话还是实体店与企业接触，AI 都能确保信息的一致性和体验的连贯性。

全渠道整合不仅提升了客户满意度，还为销售团队提供了全方位的客户视图，有助于他们更好地把握销售机会。

3. 数据驱动的销售策略制定

在 AI 的加持下，销售策略的制定正从基于经验的"猜测"转向基于数据的"精准决策"。AI 能够分析海量的市场数据、竞争情报和内部业绩数据，为管理层提供深刻的洞察和建议。

例如，AI 可能会发现：在西部地区，将产品 A 和产品 B 捆绑销售，能够提高 30% 的成交率，或者客户在收到第三封跟进邮件后的转化率最高。这些基于数据的洞察，让销售策略的制定更加精准有效。

4. 个性化的客户沟通

AI 正在将销售流程从"一刀切"的标准化流程，转变为高度个性化的客户旅程。通过深度学习算法，AI 能够根据每个客户的独特特征、需求和行为，自动设计最优的互动策略。

例如，对于偏好自主研究的客户，AI 会推荐更多的产品资料和案例研究；而对于重视人际互动的客户，AI 则会安排更多的一对一沟通机会。这种量身定制的方法不仅提升了客户体验，还大大缩短了销售周期。

5. 智能化的销售线索管理

在 AI 的助力下，销售线索的管理变得更加智能和高效。AI 系统能够实时监控和分析潜在客户的各种在线行为，如网站浏览记录、社交媒体互动、内容下载等，自动评估线索质量并进行优先级排序。这种动态的线索评分机制使销售团队能够快速识别和响应高潜力的商机，极大地提高转化率。下图所示汽车销售线索管理就是一个很好的例子。

AI 还能预测潜在客户的购买意向和最佳联系时机。通过分析历史数据和行为模式，AI 可以告诉销售人员："现在是联系这个客户的最佳时机，他很可能对我们的新产品感兴趣。"这种精准的时机把握，大大增加了成交的可能性。

6. 智能化的销售辅助工具

AI 正在成为销售人员的"智能搭档"。在与客户沟通过程中，AI 可以实时分析对话内容，提供相关的产品信息、竞品对比、成功案例等，确保销售人员随时掌握最有力的销售论据。

更有甚者，一些前沿的 AI 系统能够分析客户说话的语气、情绪变化，并给出相应的沟通建议。"客户似乎对价格很敏感，建议强调我们产品的长期价值"——这样的实时指导，让新手销售也能像老将一样应对自如。

7. 预测性的客户关系管理

AI 正在将客户关系管理（CRM）从被动的记录，转变为主动的预测。通过分析客户的互动历史、购买行为和市场趋势，AI 能够预测客户的未来需求，甚至识别出有流失风险的客户。

"客户××的合同将在 3 个月后到期，根据他们最近的使用情况，有 70% 的概率会续约，建议下周安排拜访。"——AI 提供的这种预测性洞察，让销售团队能够未雨绸缪，主动管理客户关系。

第 2 章 AI 时代 4D 销售方法论

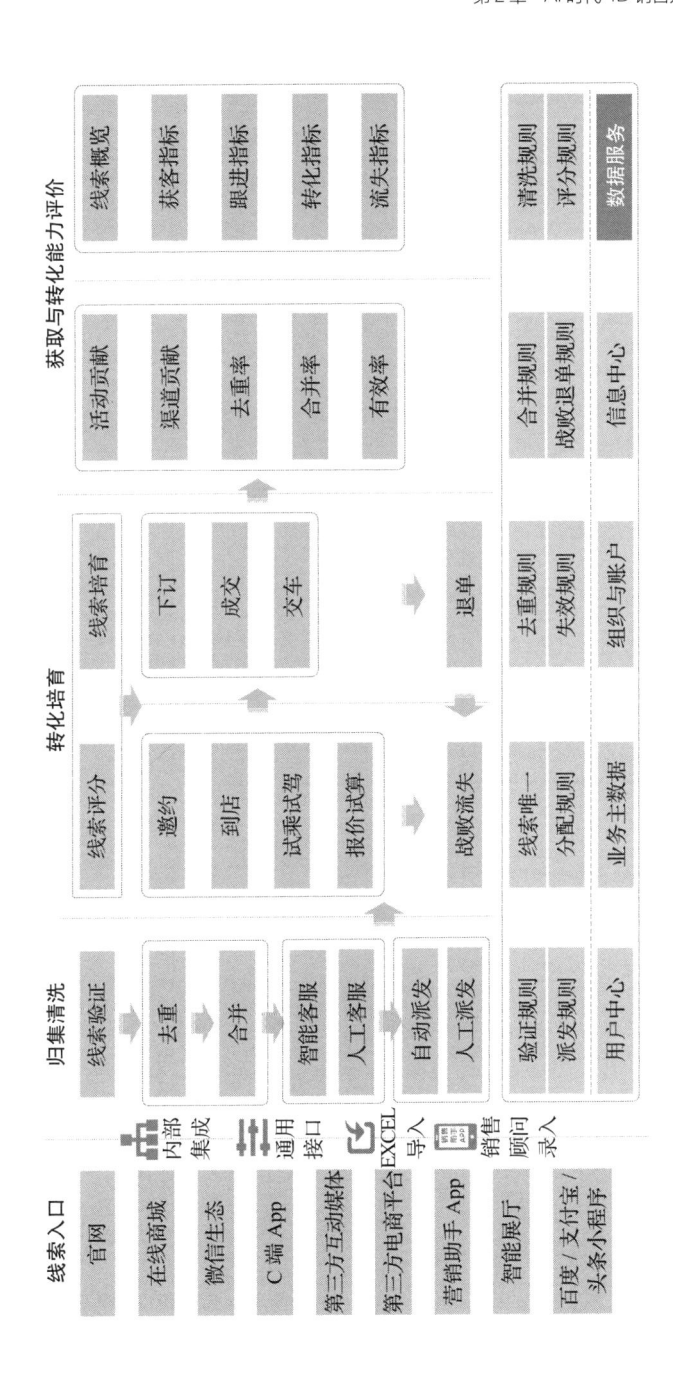

获取与转化能力评价

- 线索概览
- 获客指标
- 跟进指标
- 转化指标
- 流失指标

- 活动贡献
- 渠道贡献
- 去重率
- 合并率
- 有效率

- 清洗规则
- 评分规则
- **数据服务**

- 合并规则
- 战败退单规则
- 信息中心

转化培育

- 线索培育
  - 下订
  - 成交
  - 交车
  - 退单

- 线索评分
  - 邀约
  - 到店
  - 试乘试驾
  - 报价试算
  - 战败流失

- 线索唯一
- 分配规则
- 业务主数据

- 去重规则
- 失效规则
- 组织与账户

归集清洗

- 线索验证
- 去重
- 合并
- 智能客服
- 人工客服
- 自动派发
- 人工派发

- 验证规则
- 派发规则
- 用户中心

线索入口

- 官网
- 在线商城
- 微信生态
- C 端 App
- 第三方互动媒体
- 第三方电商平台（内部集成 / 通用接口 / EXCEL 导入）
- 营销助手 App
- 智能展厅
- 百度 / 支付宝 / 头条小程序（销售顾问录入）

025

AI创新应用	具体功能	优势	对销售的影响
1. 自动化的行政工作	• 自动安排会议 • 智能邮件回复 • 自动生成合同和报价单	• 提高工作效率 • 减少人为错误 • 节省时间	销售人员可以专注于高价值的人际互动活动
2. 全渠道的无缝客户体验	• 整合多渠道客户数据 • 确保信息一致性 • 提供全方位的客户视图	• 提升客户满意度 • 增强品牌形象 • 提供更好的客户洞察	销售团队能更好地把握销售机会，提供无缝服务
3. 数据驱动的销售策略制定	• 分析市场数据和竞争情报 • 提供销售策略建议 • 识别最佳销售方法	• 决策更加精准 • 提高成交率 • 优化资源配置	销售策略从经验导向转向数据导向，更加科学有效
4. 个性化的客户沟通	• 根据客户特征设计互动策略 • 提供量身定制的内容 • 优化沟通时机和频率	• 提升客户体验 • 缩短销售周期 • 增加客户黏性	销售流程从标准化转向高度个性化，更符合客户需求
5. 智能化的销售线索管理	• 实时监控客户行为 • 自动评估和排序线索 • 预测最佳联系时机	• 快速识别高潜力商机 • 提高转化率 • 优化销售资源分配	销售团队能更精准地把握机会，提高成功率
6. 智能化的销售辅助工具	• 实时提供相关产品信息 • 分析客户情绪和反应 • 给出实时沟通建议	• 增强销售人员能力 • 提高沟通质量 • 缩小新手与专家的差距	销售人员转变为知识顾问，能更专业地应对客户需求
7. 预测性的客户关系管理	• 预测客户未来需求 • 识别客户流失风险 • 提供主动管理建议	• 提高客户留存率 • 增加追加销售机会 • 优化客户生命周期价值	CRM从被动记录转为主动预测，销售团队能更好地管理长期客户关系

应该说，AI 正在深刻地重塑销售流程和工作内容。销售不再是简单的产品推介，而是转变为以数据为驱动、以客户为中心的精准销售沟通。销售人员的角色也在悄然转变，从单纯的信息传递者，向着知识顾问和关系构建者的方向演进。

2.2 超级销售员：AI 如何将普通销售人员变成销售冠军

未来的销售人员不再是过去的电话推销员，也不再只是客户关系维护者。他们将变成全能型的销售推动者，集内容创作者、客户关系维护者与业务进度推动者于一体。通过 AI 的辅助，每个销售人员都将获得前所未有的力量，能够更有效地开拓销售线索、维护客户关系，并推动整个销售进程。

让我们来详细探讨未来的销售人员将如何借助 AI 工具在竞争中脱颖而出，成为真正的销售冠军。

1. 利用 AIGC 吸引和开拓新客户：内容即线索

在 AI 数字化时代，传统的销售线索开发方式将被全新的内容驱动策略取代。AIGC 能够帮助销售人员生成高质量的个性化内容，通过多平台传播来吸引潜在客户。例如，销售人员可以利用 AI 生成的专业文章、视频等在短视频平台或社交媒体上精准传递关键信息，吸引那些真正对产品或服务感兴趣的受众。

（1）销售人员的进化：从推销者到内容创作者。过去，销售人员的主要任务是通过电话或会议直接与潜在客户沟通，推销产品。而在 AI 加持的未来，销售人员的角色将向内容创作者的方向转型。借助 AI 生成内容，销售人员无须具备专业的写作或设计技能，就可以快速生成有吸引力且个性化的内容。通过这些内容，销售人员可以精准传递行业见解、产品优势或解决方案，从而吸引新的潜在客户。

例如，在短视频平台上，一个 B2B 销售人员可能会借助 AI 生成的行业趋势分析视频或客户案例研究来吸引决策者的注意力。这种基于内容的线索开发比电话或邮件方式更加高效和精准，销售人员能够直接与有明确需求的潜在客户建立联系。

（2）**算法推荐助力：短视频平台的爆发性机会**。此外，AI 的算法推荐机制，例如短视频平台的内容推送系统，将为销售人员提供全新的线索开发机会。通过分析用户的观看历史、搜索偏好等数据，AI 可以将销售人员的内容推荐给那些可能对其产品或服务感兴趣的潜在客户。这不仅极大地提升了销售人员的触达效率，还让他们的内容能够在高度竞争的市场中脱颖而出。

在未来的销售环境中，内容即线索，销售人员将利用 AI 生成的内容来替代传统的触达方式，从而实现更多的销售机会。

2. 维持和激活存量客户：个性化的客户关系管理

销售人员的另一个重要职责是维护现有客户的关系，这对于长期的销售成功至关重要。在 AI 的帮助下，销售人员将能够更好地实现这一目标。AI 不仅可以通过自动化工具帮助销售人员管理庞大的客户群，还能够提供个性化的沟通建议，让每一次客户互动都更加有效。

AI 驱动的客户关系：精确到每一次沟通。通过 AI，销售人员可以自动化地为客户"投送"内容。无论是发送每日的行业洞见、客户问候，还是推荐个性化的产品信息，AI 都能够帮助销售人员实时跟进客户的需求变化，确保客户始终保持活跃。AI 工具还能够根据客户的购买历史、浏览行为等数据，预测客户的未来需求，并在恰当的时机向其推送相关信息。通过这种方式，销售人员不仅能够洞悉现有客户的兴趣，还能够提前识别出潜在的销售机会。

AI 可以在某位 B2B 客户进行某项产品搜索或展示购买意向

时，自动生成个性化的推荐，并发送给销售人员进行后续跟进。这种实时化的客户维护方式，不仅让销售人员能够有效防止客户流失，还能够通过精准的推送提升客户黏性与满意度。

3. AI解放销售人员，推动销售进程：告别文山会海

销售人员的另一大痛点是大量的文书工作与繁杂的流程管理。从编写销售报告到管理日常跟进，许多销售人员的时间被琐碎的事务占据，无法专注于真正创造价值的客户沟通与销售推进。而AI数字化工具能够从根本上改变这一现状，解放销售人员的时间与精力。

AI自动化工具：销售流程的超级加速器。 AI工具能够帮助销售人员自动生成例行的报告、会议记录、邮件跟进等文书工作，让销售人员摆脱烦琐的手动输入与重复性操作。例如，在一个项目推进过程中，AI能够自动跟踪销售的各个阶段，帮助销售人员生成进度报告并推送给相关团队成员。

同时，AI还能够根据销售人员的沟通历史，自动生成后续的跟进建议与行动方案，确保销售流程的顺畅进行。这种智能化的销售进度管理大幅度减少了销售人员的工作量，让他们能够专注于更具战略意义的销售推进与客户沟通上面。

在未来的销售世界，销售人员将更多地依靠AI工具来管理他们的日常工作，而AI将成为每个销售人员的数字化助手，帮助他们加速销售进程、减少人为错误，并推动整个销售流程更加高效、精准。

4. AI让销售人员多面手：从线索到关系的全能推动者

在传统的销售模式中，线索开发、客户关系维护与销售推进往往由不同的团队或人员分别负责。然而，AI工具的出现让销售人员能够跨越这些分工，成为一名全能的销售推动者。

通过 AI 生成的内容，销售人员能够精准锁定潜在客户，并在销售周期的每一个阶段中与客户保持密切互动。AI 自动化工具帮助销售人员简化烦琐的流程管理，而个性化的沟通建议与客户需求预测则让销售人员能够始终走在客户需求的前面。

在 AI 的辅助下，未来的销售人员不仅能够获得更多的线索，还能够通过精确的客户管理与个性化沟通激活客户关系，并最终推动销售的成功。AI 不仅赋予了销售人员前所未有的力量，还帮助他们从传统的销售模式中彻底解放出来，成为真正的多面手。

简而言之，超级销售人员可以通过 AIGC、算法推荐等方式，更精准地传递信息，开拓全新的销售渠道。而 AI 驱动的客户关系维护工具与流程自动化工具，则让销售人员能够高效管理存量客户，并推动销售进展。可以预见的是，未来的销售人员将身兼多个职能，真正做到线索开发、客户维护与销售推进的全能整合。而 AI 则将成为强大助手，帮助销售人员在这个日益复杂与竞争激烈的销售世界中脱颖而出。

2.3 销售人员工作的地方：物理空间与数字空间

在这个快速变革的时代，销售行业的格局正在经历一场深刻的转型。这不仅是市场的变化，更是一场关于空间的革命。曾几何时，销售的主战场局限于物理空间——从传统的店铺到办公大楼，从展会展厅到客户的办公室。销售人员通过面对面的沟通、电话拜访、产品展示等方式，力求与客户建立深厚的关系。然而，随着数字技术的飞速发展，今天的销售已经从以物理为主的单一模式，逐渐转向了一个充满复杂性、竞争激烈的多维战场——数字空间。这场从物理空间到数字空间的迁移不仅是工具的更新，更是一场思维和工作方式的革命。

2.3.1 数字空间：新战场的规则与挑战

在当今数字时代，销售人员面临的最显著变化便是数字空间的崛起。从社交媒体到电子商务平台，从数字广告到在线会议，数字空间已成为连接客户与产品、服务的最主要的场所。互联网不仅改变了人们的购物方式，还重塑了他们的消费思维与决策行为。

1.数字空间销售抓手是内容销售

在这个信息爆炸的时代，销售人员不再仅是产品的推销员，他们更需要成为内容的创作者和策划者。无论是通过社交媒体上的推文、Linkedin 上的专业分享，还是短视频平台上的创意广告，内容的质量与精准性直接决定了销售结果。在这个过程中，理解消费者需求的演变、制定个性化的内容策略至关重要。

内容销售不仅要触动客户的情感，更要建立信任感。面对海量的信息轰炸，客户的注意力极为分散，销售人员的任务是如何在众多竞争对手中脱颖而出。短视频的崛起给销售人员带来了新的机会，简洁、直观、有趣的内容成为吸引客户的强力工具。然而，内容的形式只是手段，真正的关键在于如何通过这些内容传递价值。一段深入挖掘客户痛点、提供有效解决方案的短视频，胜过无数冗长的推销邮件。

此外，AIGC 技术的引入为内容创作带来了新的可能性。利用人工智能工具自动生成个性化的产品介绍、邮件模板或社交媒体内容，销售人员可以大幅提升工作效率，将更多时间投入到策略制定和客户关系管理中。

2.社交媒体：新的"销售舞台"

在数字空间中，社交媒体是一个关键的销售舞台。无论是 B2B 还是 B2C，社交媒体已经成为客户与品牌之间互动的主要场所。在这里，销售人员不再只是简单地分享产品信息，而是通过有趣、互动性强的内容,与客户建立持续的联系。对于 B2C 销售人员,短视频和直播成为展示产品的强大平台,而 B2B 销售人员则可以通过 Linkedin(领英)、知乎等平台建立起自己的专业形象,与潜在客户建立信任。

然而,要在社交媒体上取得成功,并不仅依靠简单的内容发布。销售人员需要对各个平台的算法机制、客户习惯有深入了解,懂得如何通过互动、评论、私信等形式与潜在客户建立一对一的沟通。同时,用户生成内容(UGC)的力量也不可小觑。鼓励客户分享他们的使用体验、评论和反馈,这种真实的口碑往往比品牌自述更具说服力。

3.数据成为销售的"秘密武器"

在物理空间中,销售人员依赖直觉、经验和现场反馈来判断客户的兴趣和需求。然而,进入数字空间后,数据成为销售人员最强大的"武器"。每一次点击、浏览、互动都留下了数据,这些数据可以帮助销售人员深入洞察客户的行为模式与偏好。

通过分析客户的在线活动轨迹,销售人员可以预判客户的购买倾向,制定更加精准的营销策略。例如,通过分析客户在网站上停留的页面,可以了解哪些产品最受关注;通过跟踪邮件的打开率和点击率,可以优化后续的沟通策略。数据的力量不仅帮助销售人员提升销售效率,更让他们能够更好地满足客户的个性化需求。

数字空间已经成为你开展销售最重要的战斗地!

2.3.2 物理空间:传统战场的变革与机遇

尽管数字空间的兴起势不可挡,但这并不意味着物理空间的消亡。相反,物理空间在新时代下也在经历深刻的变革。对于许多具有高接触度特性的产品和服务,客户仍然需要通过面对面的交流、实地体验建立信任。正因为如此,物理空间与数字技术的结合,成为销售的新机遇。

例如，实体店铺依然是品牌与客户接触的重要场所，尤其是在体验经济逐渐升温的当下，消费者越来越重视产品背后的故事与情感连接。通过在实体店内融入数字元素，如智能显示屏展示社交媒体上的客户评论，或提供扫码购物的便捷服务，销售人员可以让客户同时感受到物理与数字的双重体验。这种线上线下的无缝对接，将为客户提供更加完整、流畅的购买旅程。

以某高端家具品牌为例，尽管它在数字渠道的营销做得风生水起，但依然重视线下门店的体验升级。它在门店内引入AR（增强现实）、VR（虚拟现实）等技术，让客户身临其境地感受产品的设计和质感。同时，它还会邀请客户参与DIY设计，定制独一无二的家具。这些沉浸式、个性化的线下体验是数字化手段难以替代的。

物理空间应该成为数字化运营的重要阵地。我们可以充分利用线下空间，集合数字化工具的优势，为客户提供更加立体、多元的服务体验。比如，在门店内投放大屏幕，展示社交媒体上的用户评价和反馈，让客户感受到产品和品牌的良好口碑。再如，通过会员系统打通线上线下数据，根据客户的历史购买记录和喜好，现场提供个性化推荐和试用服务。

2.3.3　销售的未来：物理空间与数字空间的共舞

展望未来，销售人员的角色将超越传统的物理与数字分割，他们将成为两个世界的舞者。在这个新时代，物理空间和数字空间的界线将越来越模糊，而优秀的销售人员能够在这两个领域之间灵活切换。正如在物理空间中，销售人员依然可以依靠他们的亲和力、语言技巧和情感去打动客户；在数字空间中，他们则需要通过内容营销、AI自动化工具、社交媒体洞察和数据分析来提升效率和精准度。

未来，销售的成功不仅取决于对某一空间的深度挖掘，还在于如何将这两种空间结合得天衣无缝。在线上，销售人员可以通过智能化的工具随时追踪客户的行为并提供个性化的解决方案；在线下，他们可以通过细致的服务和真诚的态度赢得客户的心。这种线上线下相辅相成的销售模式，将成为新时代的标配。

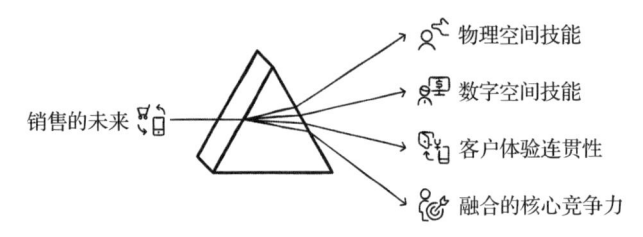

销售的未来：
- 物理空间技能
- 数字空间技能
- 客户体验连贯性
- 融合的核心竞争力

在这种背景下，销售人员需要具备的能力更加多元。内容创作能力、数据分析能力、技术工具运用能力、情感沟通能力，这些都将是未来销售的核心竞争力。那些能够在数字化与人性化之间找到平衡的销售人员，将在未来的竞争中占据优势。

2.4　AI时代销售业绩公式：如何实现业绩倍增

在这个数字化飞速发展的时代，销售人员面临着前所未有的转型挑战。传统销售的方法虽然依然有效，但已经远远不够了。销售人员如何在数字化的浪潮中乘风破浪，实现业绩的飞跃？本书的核心观点可以用一个简单的公式概括：

销售人员业绩 = 传递信息人次 × 转化率 × 客单价

在 AI 时代，想成为一名优秀的销售人员，仅靠天天加班加点、跑断腿是不够的。要知道，销售业绩的提升不是靠汗水就能够实现的，而需要传递信息人次、转化率和客单价这三个关键参数相互协作。

在传统销售中，信息传递人次往往受到物理空间的限制。一个销售人员一天能接触到的客户是有限的，这就要求我们在有限的期限内，提高信息传递的效率和质量。而在数字化下时代，这种限制被打破了。利用社交媒体、电子邮件等数字化工具，你可以轻松地传递信息，发现大量的潜在客户。

销售能力是销售业绩提升的关键。如果你的转化能力不强，那么即使你传递再多的信息，也很难将潜在的客户转化为真正的订单。因此，加强销售能力的培训是非常必要的。学会挖掘客户的需求，了解他们的痛点，然后提供解决方案。

客单价的提高往往取决于产品本身的属性以及你发现需求进行交叉销售的能力。如果你的产品本身就具有优势，那么提高客单价就相对容易一些。另外，通过发现客户的潜在需求，进行交叉销售或者捆绑销售，也是提高客单价的有效手段。

在 AI 时代，销售人员提升自身的销售业绩，就需要传递信息人次、转化率和客单价这三个参数相互协作。利用数字化工具扩大信息传递的范围和提升信息传递的效率，加强销售能力的培训以提高转化率，挖掘产品的潜力和客户的需求以提升客单价。只要在这三个方面做好了，你的销售业绩一定能够实现翻倍增长。

2.4.1 让传递信息的人次指数级增长

在销售的世界里，业绩是王道，而要想拿到业绩，关键在于增加信息传递的人次。过去，传统线下销售的王牌手段是勤快地跑外勤，不厌其烦地拜访客户，用汗水和坚持换来订单。然而，在数字时代，这一切都变了。如果你还停留在传统的销售模式中，那么很抱歉，你可能已经被时代抛在了后面。

在传统销售中，信息传递可能仅限于面对面交谈、电话沟通或纸质宣传单。然而，在数字化时代，信息传递的渠道无比丰富：社交媒体、直播带货、短视频营销等。但是，要想在这些渠道中脱颖而出，销售人员需要具备创造性和个性化的内容制作能力。

在这个信息爆炸的时代，借助AIGC大模型、社交媒体、短视频平台等工具增加信息传递的人次，已经成为销售人员的必备技能。这不仅是一种新的销售方式，更是一种高效、低成本、广覆盖的信息传递策略。

在这个看视频比看文字更受欢迎的时代，短视频已经成为信息传递的重要工具。销售人员可以制作产品介绍、使用教程、客户评价等短视频，上传到抖音、视频号、哔哩哔哩（B站）、小红书等平台，通过视频的形式更直观、生动地传递信息，吸引更多的观众。

总之，在数字时代，销售想要拿到业绩，就需要借助AIGC、社交媒体、短视频平台等工具，增加信息传递的人次。

2.4.2 提升转化率

数字化销售的美妙之处在于，它允许我们通过数据分析来优化销售策略，从而提高转化率。数字化销售人员不仅要掌握各种在线工具，更要能够读懂数据，从中发现问题，优化策略。例如，通过分析营销活动的数据，一位销售经理发现，通过针对性的短视频种草营销比电话销售拥有更高的转化率。因此，他调整了营销预算的分配，让团队销售业绩大幅提升。

销售漏斗：B2C 与 B2B

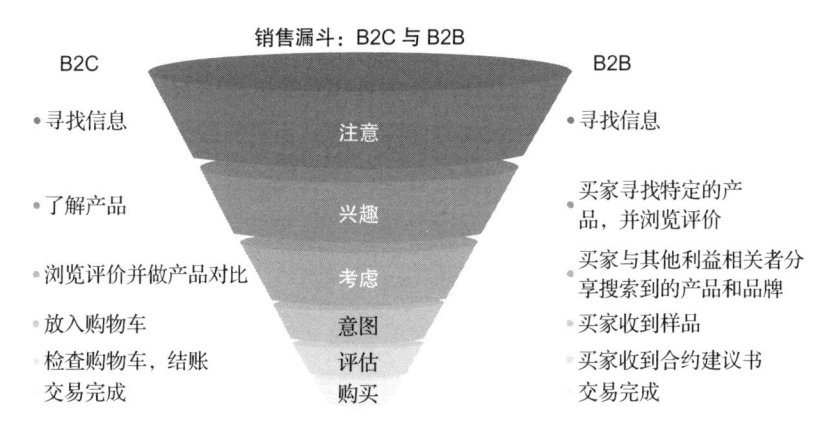

B2C
- 寻找信息
- 了解产品
- 浏览评价并做产品对比
- 放入购物车
- 检查购物车，结账
- 交易完成

漏斗层级：注意、兴趣、考虑、意图、评估、购买

B2B
- 寻找信息
- 买家寻找特定的产品，并浏览评价
- 买家与其他利益相关者分享搜索到的产品和品牌
- 买家收到样品
- 买家收到合约建议书
- 交易完成

销售人员要想提高转化率，仅加强传统销售技能已经远远不够。作为一名优秀的数字化销售人员，你需要做得更多，更要加强以下几个方面。

1.传递信息人群精准

首先，你需要确保你传递信息的人群是精准的。在数字化时代，这意味着你需要利用大数据和人工智能等技术，对潜在客户进行精准定位和细分，确保你的信息能够精准地传达给那些最有可能对你的产品或服务感兴趣的人。这不仅能提高转化率，还能节省大量的时间和资源。

2.传递出去的信息的影响力

其次，你需要确保传递出去的信息具有足够的影响力。这意味着你的信息需要具有吸引力和说服力，能够引起潜在客户的兴趣和注意，激发他们的购买欲望。为此，你需要不断提升自己的内容创作能力，学会如何制作引人入胜的广告、撰写有说服力的文案，以及如何利用视频、图片等多媒体元素来增强信息的吸引力。

3.传递信息的时机

再次，传递信息的时机也至关重要。在数字化时代，信息的传递速度极快，消费者每天都会接收到大量的信息。因此，你需要精心选择传递信息的时机，确保你的信息能够在恰当的时间出现在潜在客户的视野中。这可能意味着你需要对潜在客户的行为和习惯进行深入的分析，以确定最佳的传递时机。

4.传递信息的沟通说服方式

最后，你还需要加强传递信息的沟通说服方式。在数字化时代，单一的沟通方式已经无法满足复杂多变的市场需求。你需要学会运用多种沟通方式，比如短视频、社交媒体、在线聊天、视频会议等，来传递信息，并根据不同的情境和客户特点，采取不同的说服策略，以提高转化率。

2.4.3 提高客单价

提高客单价不是仅提高产品价格那么简单，更多的是通过提供更高价值的服务和产品来实现。在数字化时代，销售人员可以通过在线咨询、定制化服务、增值服务等形式，来提升消费者的购买体验，从而让其愿意为更高的价值支付更多。比如，一家在线教育公司通过提供个性化的学习路径规划服务，成功地将客单价提高了 30%。

然而，要实现上面这一切，销售人员必须首先摒弃那种只依赖传统销售技巧的陈旧思维，积极拥抱数字化转型。这需要持续的学习和实践，需要勇于尝试新工具、新平台、新技术。记住，数字化时代的销售人员，不仅是信息的传递者，更是内容的创造者、数据的解读者和价值的提供者。

2.5　4D 销售方法论，引领 AI 时代的销售革命

我一直关注随着 AI 时代到来，传统意义上的销售个人，不论是 TOB（面向企业市场）行业还是 TOC（面向消费者市场）行业，

该如何发展？这不仅影响到个体的职业生涯，甚至影响家庭稳定、个人幸福、社会稳定等。结合过往一线咨询与实践的经验，经过多年的酝酿，我给出"4D销售方法论"。

4D销售方法论尝试回答：基于线下的销售模式遇到极大挑战，在AI时代如何开展有效的个人销售工作？AI时代销售人员该如何转型？AI时代销售人员每天应该做些什么？

4D销售方法论中的"4D"代表定义个人品牌（Define Personal Brand）、传递内容（Deliver Content）、深化关系（Deepen Relationships）、发展自我（Develop Self），即"个人品牌塑造、内容驱动、关系培养、持续成长"的新销售工作框架。如果将"4D销售方法论"精炼成一句朗朗上口的话，以便于记忆与沟通，那么可总结为"塑造IP、内容传递、关系深化、自我提升，构筑AI时代销售进化之路"。

结合销售人员业绩＝传递信息人次 × 转化率 × 客单价这个公式来看4D，定义个人品牌更多影响转化率、客单价，传递内容则更多解决传递信息人次与转化率的问题，深化关系则影响转化率与客单价，至于发展自我则是立足在持续性上，综合影响传递信息人次、转化率、客单价。

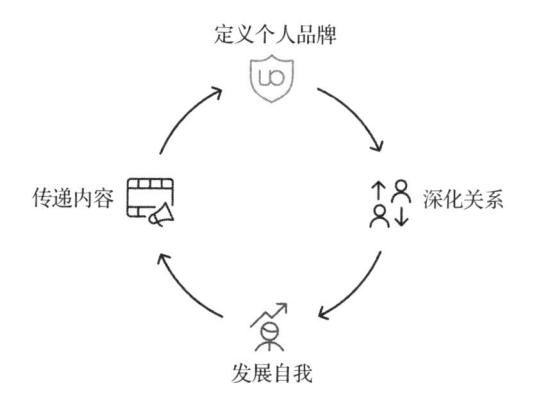

2.5.1 定义个人品牌：获得信任与影响力

定义个人品牌是 4D 销售方法论中的关键一环，它就像是销售人员发展的指南针。个人品牌不是一个口号或标语，它代表了你作为销售人员的核心价值观、专业能力和独特优势。它回答了这样一个问题："为什么客户应该选择你，而不是其他人？"

定义个人品牌的过程实际上是一次深刻的自我探索。你需要思考自己的优势在哪里，内心热爱是什么，能为客户带来哪些独特的价值。这个过程可能会让人感到不适，因为它要求我们诚实地面对自己的优点和不足。但正是这种自我认知，才能帮助我们找到正确的发展方向。

一个强大的销售人员的个人品牌应该是真实的、一致的，并且能够随着时间的推移而不断发展。一旦确立了个人品牌，它就会成为指引你在 AI 时代前进的灯塔。它将影响你日后的一切行动，从内容创作到人际交往，再到自我提升，都将围绕着你的个人品牌定位展开。因此，我们可以说，定义个人品牌是 4D 销售方法论的基石，是其他三个"D"的出发点和落脚点。

定义个人品牌与其他 3D 的关系如下。

- ❏ **对传递内容的影响**：你的个人品牌决定了你所要传递内容的基调。例如，如果你将自己定位为行业趋势型销售专家，那么你传递的内容就应该聚焦于最新的行业动态和前沿洞察。
- ❏ **对深化关系的指导**：你的个人品牌决定了你与客户建立什么样的关系。如果你的个人品牌调性强调创新和灵活性，那么你与客户的互动也应该体现这些特质。
- ❏ **对发展自我的方向**：你的个人品牌为你的自我发展指明了方向。它帮助你确定需要提升哪些技能，参与哪些培训，以持续强化你的品牌定位。

为此，在定义个人品牌方面你需要明确如下事情。

- ❑ 如何识别和界定你的个人品牌？你需要确定自己在行业中的独特定位，包括你的专业知识、产品或服务的优势，以及你可以为客户提供的独特价值。
- ❑ 如何塑造个性化特点并在客户心中留下正面印象？如何通过你的个人风格、沟通方式和行为举止来塑造你的个性化特点，并确保这些特点能够在客户心中留下积极的印象？
- ❑ 如何在数字化时代维护和增强个人品牌？在数字化时代，个人品牌的管理不限于面对面的互动，还体现在社交媒体、个人网站和其他在线平台上有效展示和提升个人品牌。
- ❑ 如何通过个人品牌建立长期信任和专业地位？如何通过一贯的品牌信息和专业表现来逐步建立信任，并在行业内确立你的专业地位？
- ❑ 如何应对和管理个人品牌面临的挑战和危机？在遇到负面评论、竞争对手攻击或其他个人品牌危机时，如何有效地应对和管理，以保护你的个人品牌不受损害？

2.5.2 传递内容与深化关系：销售工作的双引擎

如果说定义个人品牌是销售力的方向与指南针，那么传递内容和深化关系就是销售工作的双引擎。这两个维度构成了销售人员日常工作的核心，它们相互配合，推动销售进程向前发展。

在 AI 时代，销售中的传递内容与深化关系看似独立，实则紧密相连。通过持续提供有价值的内容，你可以逐步建立和巩固与客户的关系。例如，一篇深度的行业分析文章可能引发客户的兴趣，从而开启一段有意义的销售互动对话。随着与客户关系的深化，你会更了解他们的需求和挑战。这反过来又能帮助你提供更有针对性的内容。当这两个维度良好配合时，会产生强大的协同效应。你提供的内容会更加切中要害，而你与客户的关系也会因为持续的价值输出而不断加深。

传递内容（Deliver Content）是指将传统销售中的行为（产品方案呈现、售前沟通、关系维系等）改写成特定内容，并传递给目标客户，以影响其购买决策，获取销售订单。无论是朋友圈文案、专栏文章、短视频、播客还是社交媒体帖子，有效的内容传递与沟通都是建立信任、推动销售进展的关键。**传递内容是奔着线索商机与销售转化去的，不是只塑造 IP。**

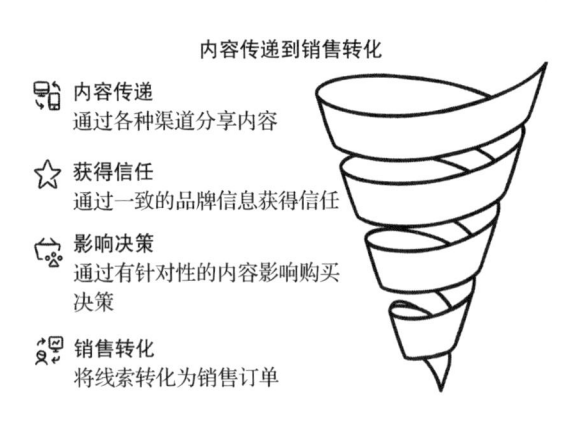

内容传递到销售转化

- 内容传递
  通过各种渠道分享内容
- 获得信任
  通过一致的品牌信息获得信任
- 影响决策
  通过有针对性的内容影响购买决策
- 销售转化
  将线索转化为销售订单

有效的内容传递需要销售人员具备优秀的沟通技巧和深厚的行业知识。无论是通过博客文章、视频、白皮书还是社交媒体，销售人员都需要根据客户的需求和关注点，提供有针对性和高价值的内容。这不仅能够吸引潜在客户的注意，还能在客户的决策过程中起到关键的推动作用。你传递的内容应该与你的个人品牌保持一致。**这种一致会增强你的可信度，巩固你在客户心中的专业形象。**

在 AI 时代，信息触手可及。客户往往在与销售人员接触之前，就已经通过各种渠道获取了大量信息。在这种情况下，传递内容的质量就显得尤为重要。**它不仅要传递产品信息，更要传递独特的见解和价值。你的内容应该能帮助客户解决实际问题或获得新的视角。**

传递内容与其他 3D 的关系如下。

- **与个人品牌的呼应**：你传递的内容应该始终与你的个人品牌保持一致。这种一致会增强你的可信度，强化你的品牌形象。
- **深化关系的基础**：优质内容是建立和深化客户关系的基石。通过持续提供有价值的信息，你可以培养客户的信任，成为他们眼中的行业专家。
- **推动发展自我**：为了持续输出高质量内容，你需要不断学习和更新知识。这种需求推动了你的自我发展。

为此，在传递内容方面你需要明确如下事情。

- 如何利用 AI 工具优化内容创作？如何使用 AI 工具进行内容研究、创建和优化？如何利用 AI 进行个性化内容推荐？
- 如何将商业信息转化为多样化的内容形式？需要将枯燥的商业信息转换为吸引人的文章、短视频、播客等内容形式。
- 如何将内容传递与销售转化相结合？如何通过内容建立信任、引导客户决策过程，并最终促成销售？

2.5.3 深化关系：AI 时代客户关系养成

在数字时代，维护和深化与客户的关系比以往任何时候都更重要。关系是销售的核心，没有良好的客户关系，再优秀的产品和内容也难以转化为实际的销售成果。在 AI 时代，人与人之间的联系变得更加珍贵。深化关系不仅是维护客户关系，更是建立一个互利共赢的长期伙伴关系。

深化关系需要你真诚地倾听客户的需求和担忧。这需要你具备同理心和洞察力。基于你对客户的了解，提供个性化的解决方案和服务。这种定制化的互动会让客户感受到被重视和理解。销售人员不要只在销售过程中与客户保持联系，即使在交易完成后，也要持续为客户提供价值，如分享相关的行业洞见或新的解决方案。

AI 技术在关系深化中同样扮演着重要角色。通过客户关系管理（CRM）系统和 AI 工具，销售人员可以跟踪客户的行为和获得反馈，及时调整沟通策略，提供更加贴心的服务。深化关系不仅是销售的目标，更是销售的过程，它需要销售人员耐心、细致和真诚。

深化关系与其他 3D 的关系如下。

- **强化个人品牌**：通过与客户建立深厚的关系，你的个人品牌会得到进一步的巩固和传播。满意的客户会成为你最好的品牌大使。
- **优化内容传递**：深入了解客户后，你可以更精准地定制和传递内容，提高内容的相关性和影响力。
- **促进发展自我**：与不同背景的客户互动，可以拓宽你的视野，激发新的思考，从而推动自我成长。

为此，在深化关系方面你需要明确如下事情。

- 如何利用 AI 工具和平台深化客户关系？要了解具体的 AI 工具和平台（例如社交媒体、短视频、即时通信软件等）的高效使用方法，以及通过这些工具跟踪客户偏好、历史互动并提供个性化服务的方法。
- 如何在保持专业的同时，通过数字平台建立和维护真正的人际关系？如何在线上环境中维护人性化交流，包括如何在社交媒体上展现真实的自我和建立真诚的互动？
- 如何确保客户关系的持续发展和深化？如何在客户关系管理中保持创新，以及如何利用新技术和趋势增强客户体验？

2.5.4 发展自我：持续精进与跃迁

持续的个人发展和学习对于保持在快速变化的销售环境中的竞争力至关重要。销售人员需要不断学习新技能，如 AIGC 工具、内容销售、数据分析和在线沟通技巧，以适应新的市场趋势和技术发展。

在 4D 销售方法论中，发展自我可能看起来是与销售最不直接相关的一个维度。然而，它实际上是整个模型的基石和动力源泉。在 AI 时代，持续学习和自我提升不再是销售人员的一种选择，而是生存的必需。在发展自我的过程中，销售人员可以通过参加专业培训、获取行业认证、阅读相关书籍和参加研讨会等方式，不断丰富自己的知识储备和技能。

发展自我与其他 3D 的关系如下。

- **升级个人品牌**：通过不断学习和成长，你可以持续优化和更新你的个人品牌，保持其与消费者的相关性和吸引力。
- **提升内容质量**：自我发展让你能够创造出更有深度、更有价值的内容，从而提高你的销售力与转化率。
- **深化关系能力**：随着你的成长，你处理人际关系的能力也会提升，有助于建立更深厚、更持久的客户关系。

当你持续发展自我时，你会发现这不仅提升了你的整体销售能力，还在 4D 销售方法论的各个维度之间创造了一个良性循环：

- 你的个人品牌变得更加鲜明和有价值。
- 你能够传递更有深度和销售洞察力的内容。
- 你与客户的关系变得更加深厚和互利。
- 这些成功反过来又激励你进一步发展自我。

为此，在发展自我方面你需要明确如下事情。

- 如何识别需要学习的新技能？确定在 AI 时代最关键的技能，例如对 AIGC 工具、内容营销、数据分析的使用，以及在线沟通技巧等。

- 从哪里可以学习这些新技能？找到可靠的学习资源和平台，如在线课程、专业论坛、工作坊和行业领导者的分享等。
- 如何有效地将新技能整合到销售工作中？如何将新学的技能应用到实际销售活动中，以提高效率和效果？
- 如何平衡工作、学习和个人生活？掌握时间管理和优先级设置的策略，要在追求个人发展的同时，保持工作和生活的平衡。

2.5.5　4D 销售方法论的整体观

4D 销售方法论中的每一个 D 都是不可或缺的，它们相互联系，共同构成了 AI 时代销售人员的整体竞争力。 定义个人品牌是整个销售过程的基础，它为传递内容和深化关系提供了明确的方向和标准。传递内容和深化关系则是销售人员日常工作的核心，通过高质量的内容和深厚的客户关系，销售人员能够有效推动销售业绩增长。而发展自我是这一切的支撑和保障，它确保了销售人员能够持续地适应新变化，从而在竞争激烈的市场中立于不败之地。

通过将这四个维度有机地整合起来，销售人员能够在 AI 时代的数字销售过程中，形成一个强大的、全方位的销售方法论模型。这不仅能够帮助他们实现销售目标，更能够帮助他们在职业生涯中不断地成长和进步。另外，4D 销售方法论不是一个静态的框架，而是一个动态的成长系统。

最后，我想强调的是，尽管 AI 正在改变销售行业的格局，但它永远无法完全替代人类销售人员。因为真正优秀的销售不是仅为了促成交易，更多是在做人与人之间的连接、理解和共鸣。通过掌握 4D 销售方法论，你不仅能在 AI 时代生存下来，更会成为不可替代的销售冠军。

第2章 AI时代4D销售方法论

4D维度	关键行动	与其他维度的关系	AI时代的特殊挑战	预期成果
1. 定义个人品牌	• 自我探索 • 确定独特定位 • 塑造个性化特点 • 维护在线形象	• 指导内容创作 • 影响客户关系类型 • 指明自我发展方向	• 在数字平台上建立一致形象 • 应对在线负面评价 • 在信息爆炸时代脱颖而出	• 建立信任和影响力 • 提高转化率和客单价 • 在行业内确立专业
2. 传递内容	• 利用AI工具创作内容 • 将商业信息转化为吸引人的形式 • 结合内容与销售转化	• 呼应个人品牌 • 为深化关系奠定基础 • 推动自我发展	• 在信息过载中突出重围 • 保持内容的原创性和价值 • 适应不同平台的内容需求	• 提高传递信息人次 • 增加销售线索 • 提升客户参与度
3. 深化关系	• 利用数字工具跟踪客户偏好 • 在线上环境中保持人性化交流	• 强化个人品牌 • 优化内容传递 • 促进自我发展	• 在虚拟环境中建立真实联系 • 平衡自动化和个性化 • 客户期望不断提高	• 提高客户忠诚度 • 增加复购率 • 获得口碑推荐
4. 发展自我	• 识别关键技能需求 • 寻找可靠学习资源 • 将新技能整合到工作中 • 平衡工作、学习和生活	• 升级个人品牌 • 提升内容质量 • 增强关系管理能力	• 跟上快速变化的技术趋势 • 在信息过载中筛选有价值的学习内容 • 将AI工具有效整合到工作中	• 保持竞争力 • 提高整体销售能力 • 实现职业持续成长

047

| 第 3 章 |

定义个人品牌：获得信任与影响力

在这个信息爆炸的数字时代，每个销售人员都面临着一个关键问题：如何在纷繁复杂的市场中脱颖而出，让自己成为客户心中不可替代的存在？答案就藏在"个人品牌"这个看似简单却蕴含深意的概念中。个人品牌不再是企业高管或网红的专利，它已成为每一位销售精英制胜市场的秘密武器。

本章让我们一起探讨如何在 AI 驱动的销售环境中构建一个强大而独特的个人品牌。从品牌定位的精准把握到社交媒体上的巧妙经营，从专业形象的持续塑造到危机时刻的灵活应对，我们将为你揭示个人品牌建设的全方位策略。

3.1 从企业品牌到个人品牌：AI 时代的销售变革

在这个瞬息万变的商业世界中，销售策略的演变如同一面镜子，映射出整个社会经济结构的变迁。从企业品牌到产品品牌，再到如今方兴未艾的个人品牌，这一路的发展不仅是营销策略的简单更迭，更深刻反映了生产力的提升、市场结构的变化，以及技术创新带来的深远影响。作为一线销售人员，理解这一演变过程及其背后的逻辑，将有助于我们在这个充满挑战和机遇的时代中找准定位，制定有效的销售策略。

3.1.1 品牌演变动力学的底层逻辑

品牌策略的演变，本质上是对产能变革的回应。让我们回溯历史，深入探讨这一演变过程。

1. 企业品牌时代：稀缺经济下的必然选择

在产品相对匮乏的年代，消费者的选择范围极其有限。此时，企业只需让消费者记住自己的品牌，就能带动旗下所有产品的销售。这不是企业不能做产品品牌，而是没有必要。一个强大的企业品牌足以支撑整个产品线的销售。早期的索尼（Sony）就是典型案例。消费者只要看到索尼的标志，就会联想到高品质的电子产品，无论是电视、音响还是随身听。

在这个阶段，销售人员个人能力的展示空间极为有限。企业通过大规模的广告投放和市场活动直接触达消费者，消费者对品牌的信任度往往可以决定购买行为。企业品牌本质上是企业内部生产力的外化，是通过企业一体化的营销工具，将一个统一的品牌形象植入消费者的心智中。

2. 产品品牌时代：产能过剩催生的细分策略

随着市场不断发展，产品种类的增加和企业间差异化竞争的加剧，企业品牌的作用开始被稀释，市场再也无法依赖一个单一的企业品牌驱动所有产品的销售。在此背景下，产品品牌应运而生。

这是品牌细分赛道的第一次裂变。企业不再满足于整体的品牌覆盖，而是开始专注于某个特定产品的差异化、个性化，并赋予其独特的品牌价值。以美的和格力为例,两家企业在空调领域的品牌力已经非常接近。为了在其他领域取得竞争优势,它们都推出了针对不同产品的子品牌,如美的的布谷鸟厨卫电器、格力的晶弘冰箱等。

在产品品牌的时代,销售人员虽然比企业品牌时代更为活跃,但仍然局限于传递产品信息,进行简单的市场推广。然而,随着产品的增加与同类产品的增多,单靠产品品牌也不足以满足销售需求。企业品牌与产品品牌开始在不同的赛道上并行运行。

3. 个人品牌时代:新赛道的开辟

产品品牌细分到一定程度,继续细分可能会导致企业亏损。此时,**个人品牌作为一种全新的赛道出现了。个人品牌不是产品品牌的进一步细分,而是一条全新的赛道。**如果说之前是"物"的赛道,那么个人品牌则开辟了"人"的赛道。它为企业品牌和产品品牌提供了额外的赋能,增加了品牌的整体势能。

在自媒体和 AI 赋能的时代,销售人员获得了前所未有的自主性与影响力。他们通过社交媒体展现自己的专业知识、独特个性,塑造了个人品牌,并直接影响消费者的购买决策。AI 技术则为他们提供了更强大的工具,通过数据分析和自动化营销,帮助销售人员更精准地触达目标客户。

个人品牌不同于企业品牌或产品品牌的细分。个人品牌不仅是自我营销的工具,更是一种独特的竞争力,它通过个体的价值创造,扩展了销售的广度和深度。

3.1.2 从马克思劳动理论看品牌演变:揭示未来销售的底层逻辑

让我们先回顾一下马克思劳动理论的核心概念。马克思认为,任何劳动过程都包含三个基本要素:劳动者、劳动对象和劳动资料。如果将这个理论应用到销售领域，我们会发现一个有趣的对应关系：

- 劳动者 → 销售人员；
- 劳动对象 → 产品；
- 劳动资料 → 销售工具、方法、品牌、渠道等。

这个对应关系看似简单，但它为我们理解品牌演变提供了一个全新的视角。

- **企业品牌时代**：对应劳动资料的强化，企业通过品牌这一工具提升销售效率。
- **产品品牌时代**：对应劳动对象的细化，随着产品种类的增加，针对具体产品的品牌策略应运而生。
- **个人品牌时代**：对应劳动者能力的提升，尤其是在 AI 和自媒体的加持下，销售人员的个人影响力得到了空前的放大。

这一分析框架不仅解释了品牌演变的逻辑，还为我们理解未来的发展趋势提供了洞见。

1. 企业品牌时代：劳动资料的强化

在企业品牌主导的时代，我们看到的是劳动资料，也就是销售工具的强化。企业品牌本质上是一种强大的销售工具，它通过建立消费者信任，大大提高了销售效率。

想象一下 20 世纪中叶的通用电气（GE）。当时，GE 的品牌形象代表着创新和可靠。无论是冰箱、电视还是电灯泡，只要带有 GE 的标志，消费者就会毫不犹豫地选择。这里，GE 的品牌就是一种强大的劳动资料，它极大地简化了销售人员的工作。销售人员不需要过多解释产品细节，只需要强调"这是 GE 的产品"，就能有效促成交易。

在这个阶段，企业通过广告、公关等手段不断强化品牌形象，本质上是在提升这个劳动资料的效能。销售人员虽然重要，但在某种程度上是可以互换的，因为决定性的因素是企业品牌这个强大的劳动资料。

2. 产品品牌时代：劳动对象的细化

随着市场的发展和竞争的加剧，我们进入了产品品牌的时代。这个阶段对应的是劳动对象，也就是产品本身的细化。

以宝洁公司（P&G）为例。宝洁旗下有多个著名的产品品牌，如海飞丝（Head & Shoulders）、帮宝适（Pampers）、吉列（Gillette）等。每个品牌都针对特定的产品类别和目标群体。这种策略本质上是对劳动对象（产品）的精细化处理。

在这个阶段，销售人员需要对不同的产品品牌有深入的了解。他们的工作不再仅是依赖企业品牌的光环，而是要针对不同的产品品牌制定相应的销售策略。这要求销售人员具备更专业的产品知识和更灵活的销售技巧。

3. 个人品牌时代：劳动者能力的提升

如今，我们正在经历向个人品牌时代的过渡。在这个阶段，我们看到的是对劳动者，也就是销售人员本身能力提升的空前重视。

在AI和自媒体的加持下，这种趋势变得更加明显。销售人员可以利用AI工具进行市场分析、内容创作，通过自媒体平台直接与潜在客户建立联系。这极大地提升了单个销售人员的能力和影响力。

例如，一位专注于人工智能在销售领域应用的销售顾问，可能通过在行业平台上发表深度文章、在视频网站上分享教学视频、在社交媒体上参与行业讨论等方式，建立起强大的个人品牌。这位销售顾问在某个小圈层内的影响力可能远超过其所在公司的品牌影响力。

3.1.3 未来趋势的洞见

通过马克思劳动理论的视角，我们不仅可以解释过去的品牌演变，还可以对未来趋势做出一些预测。

- 劳动者个性化：未来，我们可能会看到更多的销售人员成为"独立品牌"。他们不再仅代表一个公司或产品，而是作为行业专家提供全方位的解决方案。
- 劳动对象服务化：随着产品同质化程度的提高，未来的"产品"可能更多地体现为服务和解决方案，而不仅是有形的商品。
- 劳动资料智能化：AI 和大数据等技术将进一步改变销售工具的面貌。未来的销售资料可能是高度个性化、实时更新的智能系统。
- 劳动过程融合化：随着技术的发展，销售过程中的生产、销售和服务可能会进一步融合，形成一个完整的价值创造闭环。

这个分析框架提醒我们，在关注市场趋势和消费者需求的同时，也要关注销售过程本身的变革。只有把握住这些底层逻辑，我们才能在瞬息万变的市场中保持竞争力。对于一线销售人员来说，这意味着我们需要不断提升自己的专业能力，积极拥抱新技术，努力打造个人品牌。因为在未来的销售世界里，你自己就是最强大的"品牌"。

从企业品牌到个人品牌的时代演变，折射出了整个商业世界的巨大变革。作为一线销售人员，我们既是这场变革的见证者，又是参与者和引领者。在这个 AI 时代，打造个人品牌不再是选择，而是必需。它不仅能帮助我们在竞争中脱颖而出，还能为我们的职业发展开辟新的可能性。

类别	企业品牌时代	产品品牌时代	个人品牌时代
背景	稀缺经济，产品匮乏	产能过剩，产品种类增加	产品品牌细分饱和，AI 与自媒体兴起
品牌策略	强调企业整体形象	专注于特定产品的差异化、个性化	销售人员个人专业知识、独特个性展示
销售人员角色	展示空间有限，主要依赖企业品牌	更活跃，传递产品信息，市场推广	自主性与影响力空前，直接影响购买决策
品牌与销售人员关系	企业品牌支撑产品线销售	企业品牌与产品品牌并行	个人品牌为企业品牌和产品品牌赋能
销售工具/方法	大规模广告投放，市场活动	针对不同产品牌制定销售策略	AI 数据分析，自媒体平台展示、内容销售
品牌影响	企业品牌决定购买行为	产品品牌影响购买选择	个人品牌影响购买决策
销售人员发展	依赖企业品牌	提升产品知识与销售技巧	打造个人品牌，拥抱新技术

3.2 学习网红：打造数字时代的销售人员个人品牌

在这个数字化浪潮席卷全球的时代，一个新兴的职业正在重塑我们对销售的认知，那就是网红。也许你会想，网红不就是在镜头前卖萌、搞怪的年轻人吗？他们与传统意义上的销售有什么关系？

事实上，真正成功的网红，**本质上就是数字时代的顶级销售。他们不仅在销售产品，更在销售自己的个人品牌。**他们深谙销售与数字化的奥秘，是新时代的精英型销售。作为一名传统销售人员，你可能会觉得自己与那些光鲜亮丽的网红相去甚远。但是，我告诉你，你其实比你想象的更接近或者说更应该积极成为一个"网红"。让我们一起看看网红是如何运用销售思维在数字世界里披荆斩棘拿到业绩的。

1. 建立个人品牌：你的独特价值主张

每一个成功的网红都有自己鲜明的个人特色。有的以幽默风趣著称，有的以专业知识取胜，还有的凭借独特的生活方式吸引粉丝。这种个人特色在销售领域，我们称之为"独特价值主张"（Unique Value Proposition，UVP）。作为销售人员，你需要问问自己：我的UVP是什么？是深厚的行业知识？是解决问题的能力？还是独特的沟通风格？找到并强化你的UVP，这是你在数字时代脱颖而出的关键。

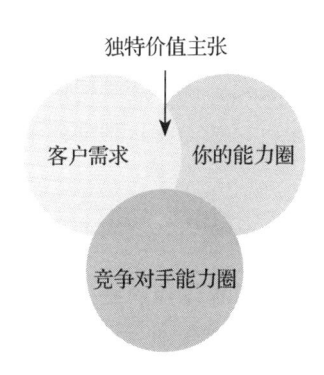

独特价值主张

客户需求　　你的能力圈

竞争对手能力圈

2. 内容为王：持续输出有价值的信息

网红的成功很大程度上依赖于他们基于个人品牌定位后持续输出的内容。这些内容可能是有趣的视频、有见地的文章，或者是实用的小贴士。在销售领域，这相当于我们常说的"价值营销"。你不必成为短视频达人，但你应该在知乎上分享行业见解，在微信朋友圈发布有价值的文章，或者录制简短的语音笔记发送给客户。记住,你的目标是成为客户眼中的"行业专家",而不仅是一个推销产品的人。

3. 社交媒体:24/7销售渠道

网红们总是活跃在各种社交平台上,这些平台就是他们的"销售渠道"。作为销售人员,你也应该充分利用社交媒体的力量。但请注意,这并不意味着你要在所有平台上疯狂发帖。相反,你需要战略性地选择最适合你目标客户的平台,并在上面建立起专业而有吸引力的形象。例如,如果你是面向海外的 B2B 销售人员,Linkedin 可能是你的主战场;如果你面向的是国内年轻消费者,那么抖音或小红书可能更适合你。

4. 互动与反馈:建立忠实粉丝群

网红的成功离不开与粉丝的互动。他们会积极回复评论,举办线上活动,甚至根据粉丝的反馈调整内容。这种做法在销售中同样重要。主动与客户保持联系,认真倾听他们的需求和反馈。利用数字工具来记录和分析客户互动,这将帮助你更好地了解客户,提供个性化的服务。

5. 网红的本质与销售逻辑

网红的兴起,既是社交媒体和内容平台发展的必然产物,又是销售思维与数字化结合的完美体现。这些个体不再仅是产品或服务的代言人,他们通过个人魅力、专业知识和创意表达,将关注转化为商业机会,实现了从个人品牌到数字销售的晋级。

网红的成功并非偶然,而是建立在深刻的销售逻辑之上。首先,他们精准把握市场需求和受众喜好,通过深入洞察消费者心理,创造出具有吸引力的内容和产品。其次,他们善于利用数据分析和社交媒体算法,精确定位潜在客户群体,实现精准营销和销售转化。最后,最重要的是,网红具备强大的个人品牌塑造能力,通过持续的内容创作和互动，稳固自身的市场地位。

传统销售人员通常依赖公司品牌和产品特性进行销售。然而，网红却在个人品牌的建设上投入巨大，通过展示个性化的内容和真实的生活片段，与粉丝建立深厚的情感联系。这种人际关系的建立不是单向的信息传递，而是一种双向的互动，粉丝们不仅是信息的被动接收者，更是积极参与者和品牌的忠实宣传者。

6. 普通销售人员如何学习与转变

对于普通销售人员而言，虽然无法都成为网红，但可以借鉴和学习网红背后的销售逻辑与思维模式。对于普通的销售个体来说，你需要关注的是个人品牌的建设。不论你是面向企业市场（TOB）还是消费者市场（TOC），都可以通过展示自己的专业知识和独特观点来吸引目标客户的关注。内容创作是塑造个人品牌与推动销售至关重要的一环。网红们通过内容的频繁更新和多样化，吸引了不同兴趣和需求的观众。在数字销售中，创造有价值的内容可以大大增强与潜在客户的互动，提高销售转化率。

因此，尽管成为网红不是每个销售人员的终极目标，但学习网红的销售逻辑与思维，却能够帮助每位销售人员在数字化时代中脱颖而出，成为一个具有影响力和个人品牌的销售个体。

3.3 个人品牌定位三大核心，让客户对你另眼相看

在信息爆炸的今天，客户面对的不仅是一个商品或服务，更是背后那个活生生、充满个性的你。**客户的大脑其实就像一个高效的搜索引擎，当他们想到某个产品或服务时，脑海中跳出的第一个标签，很可能就是与你相关联的个人品牌。**这就是你的标签力在作祟，恭喜你，你已经在客户的心智中占据了一席之地。

当我们讨论销售的艺术时，经常会忽略销售人员自身的个人品牌如何影响他们的业绩。其实，一个有力的个人品牌可以成为销售成功的关键因素。想象一下，当你的名字本身就能唤起信任感和专业认可时，每一次交流都不再只是销售，而是在巩固你的市场地位。一个销售人员的个人品牌主要由三个核心部分组成：个人品牌原型、品类思维以及专业值得信赖。

个人品牌 = 个人品牌原型 + 品类思维 + 专业值得信赖

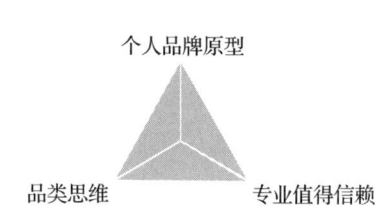

个人品牌原型

品类思维　　　　　　专业值得信赖

销售人员需要考虑个人特性、行业属性与基础要求，努力塑造个人品牌形象。

- 一位充满激情、鼓舞人心，能够激励客户克服困难且专业值得信赖的美容顾问。
- 一位亲切、容易接近，能让客户感到舒适和放心且专业值得信赖的汽车销售顾问。
- 一位不断探索新领域，给客户带来新鲜感且专业值得信赖的工程机械销售。
- 一位温暖人心，让客户感到乐趣和舒适且专业值得信赖的保险经纪人。
- 一位在销售中展现出高度的专业与控制力且值得信赖的软件销售大客户经理。
- 一位热情的，总是能够激励他人的、专业值得信赖的置业顾问。
- 一位非传统的，喜欢推翻常规，引导客户走向全新方式且专业值得信赖的留学顾问。
- 一位善于用幽默和轻松的方式打破沉闷的专业值得信赖的医药代表。

3.3.1 个人品牌原型：选择一个鲜明、独特的个人品牌

在今天这个信息爆炸的时代，作为一个销售员，打造一个鲜明且吸引人的个人品牌变得尤为关键。想要在众多竞争对手中脱颖而出，你得先从人群中突显出来。那么，怎样才能实现这一点呢？这就需要我们谈谈一个神奇的工具——品牌原型。

1. 品牌原型的概念及其重要性

品牌原型源于心理学家卡尔·荣格的理论，他提出了一系列原型，这些原型代表了人类无意识中的共同图像和主题。在商业和品牌建设中，原型用于定义品牌的性格，这有助于品牌与其目标市场建立情感共鸣。对个人品牌而言，选择合适的原型不仅可以帮助明确个人定位，还能在竞争激烈的市场中脱颖而出。

2. 个人品牌原型的应用

虽然品牌原型常用于商业品牌，但同样适用于个人品牌的构建。例如，一个以"探险家"为原型的销售人员可能会塑造自己乐于接受挑战和探索新领域的形象，这种形象能有效吸引那些寻求创新解决方案的客户。通过明智地选择和利用原型，个人品牌能更好地传达核心价值和特质，从而在目标群体中建立认同感。

玛格丽特·马克（Margaret Mark）与卡罗尔·S. 皮尔森（Carol S. Pearson）受到荣格"集体潜意识"的启发，在 *The Hero and the Outlaw*（中文版《如何让品牌直击人心》）中提出了 12 个品牌人格原型。为此，我们可以将其作为销售人员个人品牌原型工具：4 类动机系统 +12 种人格系统。

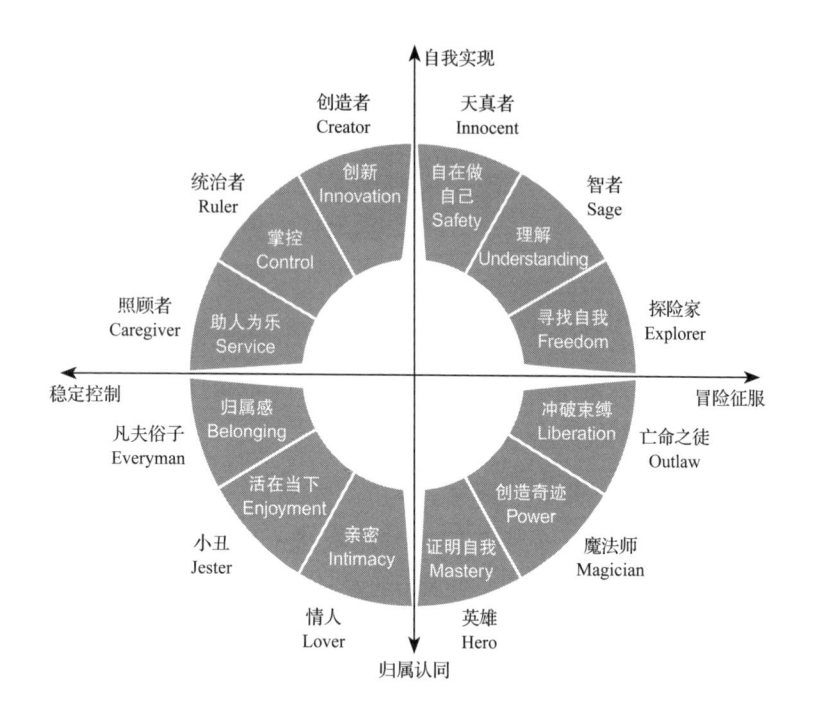

```
                    ↑自我实现
          创造者        天真者
          Creator      Innocent
    统治者    创新   自在做   智者
    Ruler   Innovation 自己   Sage
              掌控   Safety 理解
              Control      Understanding
    照顾者                        探险家
    Caregiver 助人为乐    寻找自我  Explorer
              Service     Freedom
 ←稳定控制                              冒险征服→
              归属感      冲破束缚
    凡夫俗子   Belonging   Liberation  亡命之徒
    Everyman                          Outlaw
              活在当下    创造奇迹
              Enjoyment   Power
         小丑   亲密    证明自我   魔法师
         Jester Intimacy Mastery  Magician
              情人        英雄
              Lover       Hero
                    ↓归属认同
```

这个系统中的4类动机本身就存在矛盾和冲突。"归属认同"与"自我实现",前者是渴望找到群体、组织或皈依,后者渴望能成为人群中独立的个体,实现自己的理想抱负,走出不一样的道路。再看"稳定控制"与"冒险征服",一方面,人们渴望安定的生活,待在熟悉的"舒适区";另一方面,当生活真的日复一日、平淡如水时,又渴望追逐远方、征服世界。这4类动机相互冲突,但又的确源于人们内心的深刻本能。正因为我们必须在冲突中寻找平衡,种种对人性的探索催生出了12种品牌原型。

(1)自我实现:天真者、智者和探险家原型。

☐ "天真者",这类人就是那种永远散发着阳光的人,走到哪儿都像是带着一缕春风。你想象一下迪士尼那种童话世界,或者乐高那种让人回到童年的乐趣。如果你的销售风格是温暖人心的，让客户感到乐趣和舒适，那么这个"天真者"的标签可能就是为你量身定做的。
- "智者"，这个人物是那种走知识路线的，总是有用不尽的知识和洞见来分享，比如，知乎那种深入浅出的解答，或者得到 App 里面那些高质量的内容。如果你喜欢用专业知识赢得客户的信任，那么"智者"可能就是你的招牌。
- "探险家"，这种人就像是永远在路上的旅者，总是寻找新的冒险和体验。比如，你想想 The North Face 的户外装备，或者 Jeep 那种越野的感觉。如果你的销售方式是不断探索新领域，给客户带来新鲜感和激动心情，那么"探索者"这个标签绝对能让你在市场上独树一帜。

（2）归属认同：凡夫俗子、小丑和情人原型。

- "凡夫俗子"，这个原型是那种随和、普通但极具吸引力的邻家大哥或大姐。想想宜家那种简单却温馨的家具设计，或者是沃尔玛提供的实惠且广泛的商品选择。如果你的销售风格是亲切、容易接近的，能让客户感到舒适和放心，那么"凡夫俗子"这个标签或许正好适合你。
- "小丑"，这个原型的主要特征是幽默、轻松、带来乐趣。想想 M&Ms 豆那些充满乐趣的广告，或是杜蕾斯那些带点俏皮又不失智慧的营销策略。如果你的销售方式能让人笑出声，让购物变成一种享受，那么采用"小丑"这种方式可以帮助你在市场中显得更加独特和吸引人。
- "情人"，这个品牌人格充满了魅力和诱惑力，总是与美和情感密切相关。看看维多利亚的秘密那种充满诱惑的内衣展示，或者香奈儿那种高雅的奢华感，还有哈根达斯带来的甜蜜享受。如果你的销售策略是通过激发情感和感官体验来吸引客户，那么"情人"原型可以让你的销售方式更加深情而吸引人。

（3）稳定控制：照顾者、统治者和创造者原型。

- "照顾者"，这种品牌原型的核心是关怀和呵护，永远把他人的需求放在首位。想想联合国儿童基金会那种全球性的关爱组织，或者是强生公司提供的健康和护理产品，还有帮宝适给宝宝带来的温柔保护。如果你的销售风格是温柔且充满关怀的，能让客户感受到真诚的服务和关心，那么"照顾者"这个原型可能正是你需要的。

- "统治者"，这种品牌原型是权威的象征，总是给人带来安全感和信任感。看看微软在科技行业的领导地位，或者梅赛德斯-奔驰在汽车行业的豪华和权威，以及劳力士散发的时间的味道。如果你在销售中展现出高度的专业性和控制力，能给客户带来绝对的信任和稳定，那么"统治者"这个品牌原型绝对能让你在市场上高人一等。

- "创造者"，这个品牌原型是所有梦想家和创新者的代表。想想 Adobe 那无限的创造潜能。如果你的销售方法是激发客户的创造力，提供工具和可能性让他们实现梦想，那么"创造者"这个原型可以帮你打开一片全新的天地。

（4）冒险征服：英雄、魔法师和亡命之徒原型。

- "英雄"，这种品牌原型就是那种永远在前线冲锋陷阵的战士。想象一下耐克的 Just Do It 精神，或者 Under Armour（安德玛）给运动员的那种坚韧不拔的支持。如果你的销售风格是充满激情、鼓舞人心的，能够激励客户克服困难，那么把自己塑造成一个"英雄"型的销售人员绝对能引起共鸣。

- "魔法师"，这个原型是那种总能带来惊喜，创造奇迹的角色。就像苹果改变我们生活方式的创新产品，还有 ChatGPT 带来那种即时呈现高科技的感受。如果你的销售策略是展示产品如何奇迹般地解决问题,或者如何为客户的生活带来前所未有的变化,那么"魔法师"这个人格可能就是你的最佳选择。

- "亡命之徒",这种原型的品牌总是走在潮流前端,敢于挑战传统,打破常规,比如哈雷戴维森那种独特的自由精神,维珍集团在各个行业中不断创新的勇气。如果你的销售风格是非传统的,喜欢推翻常规,引导客户走向全新的生活方式,那么"亡命之徒"这个标签可能就是你的招牌。

陈子昂年轻时从家乡来到长安,准备大干一场,然而朝中无人,故四处碰壁,怀才不遇,令他很是郁闷。他开始苦思良策。一天,他在街上漫无目的地闲逛,见一人手捧胡琴,以千金出售,观者中达官贵人不少,皆无人敢买。陈子昂二话没说,买下此琴,众人大惊,问他为何肯出如此高价。他说:"吾擅弹此琴,请明天到我住处来,我将为你们演奏。"

次日,陈子昂住所围满了人,陈子昂手捧胡琴,忽地站起,激愤而言:"我虽无二谢之才,但也有屈原、贾谊之志,自蜀入京,携诗文百轴,四处求告,竟无人赏识,弹琴本低贱乐工所为,我辈看不上,不屑弹之!"说罢,用力一摔,千金之琴顿时粉碎,还未等众人回过神,他已拿出诗文分赠众人。众人为其举动所惊,再见其诗作工巧,争相传看。就这样一日之内,陈子昂便名满京城了。这就是陈子昂的与众不同,打破常规来塑造自己的个人气质。

在附录 C 中,我基于荣格理论与销售行为分析设计了一套销售人原型特质量表。你通过这个表,可以找到自己的销售原型,让你在竞争激烈的市场中脱颖而出,同时保持内心的平静与从容。

3. 如何选择和应用个人品牌原型

选择和应用个人品牌原型的过程,不仅是一个选择的过程,更是一种深层次的自我发现和市场定位。让我们深入挖掘如何实现这一目标。

（1）**问清楚个人目标和价值观**：这是塑造个人品牌的基石。你需要问自己，你的职业目标是什么？你追求的价值观是什么？例如，如果你的目标是在行业内成为一个有影响力的领导者，那么选择"统治者"或"英雄"这样的原型就非常合适。这两个原型都强调领导力和激励他人，能够帮助你构建一个强大而有影响力的个人形象。通过这种方式，你不但能够吸引那些寻求指导和灵感的客户，而且能够在行业中树立地位。

（2）**分析目标受众**：深入了解你的潜在或现有客户是至关重要的。他们需要什么？他们的期望是什么？如果你的目标客户群体是那些寻求创新解决方案的初创公司，那么"创造者"或"探险家"可能是更好的选择。例如，一个"创造者"原型的销售人员可以展示自己如何提供创新工具和解决方案，帮助客户实现他们的愿景。同样，"探险家"原型的销售人员通过展示自己对新领域的热情和好奇心，能够吸引那些渴望冒险和新体验的客户。

（3）**结合个人特质和经历**：个人品牌原型的选择不仅应与你的目标和价值观相符，更应反映你的个性和经历。比如，假设你是一个热情的、总是能够激发他人的销售员，你可能适合选择"魔法师"原型，因为这种原型善于创造"哇"效应和实现梦想。或者如果你更倾向于成为顾客的朋友，那"凡夫俗子"原型更适合你，因为它强调的是亲和力和信任感。

如果你天生就善于用幽默和轻松的方式打破沉闷，那么"小丑"原型可能正适合你。这种类型的销售人员擅长用幽默感缓解紧张的销售氛围，让客户在愉快的氛围中做出购买决定。或者，如果你是那种总能提供新思维、新方法的人，那么"创造者"原型可能是你的不二选择。这种原型的销售人员擅长展示他们如何用独特的视角和创新的解决方案来满足客户需求，这样不仅能吸引那些寻求非传统解决方案的客户,还能在竞争中突显你的独特性。

简而言之,选择一个与你的个人特质和经历紧密契合的原型,可以极大增强你的个人品牌的真实性和吸引力。这种真实性是建立信任和忠诚度的关键,特别是在一个人们越来越重视背后故事的竞争环境中。

站在系统角度举个例子:假设你是一名销售健康产品的专家,你的目标可能是成为健康生活领域的权威,你的价值观可能是健康、自然和可持续性,你希望传达的情感是信任和安全感,而你的受众可能是那些追求健康生活方式的消费者。结合这些元素,你可以选择"照顾者"或"智者"作为你的个人品牌原型,通过分享专业知识和健康小贴士,建立起一个可靠、专业的品牌形象。

个人品牌原型是一个强大的工具,可以帮助销售人员在竞争激烈的市场中定位自己,建立独特的个人形象。通过精心选择和策略性地应用这些原型,销售人员不仅能够更有效地与目标受众建立情感联系,还能增强自己的个人品牌的吸引力和影响力。在个人品牌的构建过程中,持续地评估和调整原型的应用是至关重要的,这不仅能保持品牌的相关性,还能在不断变化的市场环境中保持竞争力。

3.3.2 品类思维:客户是用品类来思考的

在一个充斥着竞争的商业世界中,销售人员的个人品牌定位已成为他们成功的关键因素。个人品牌定位不仅是营造一个市场上的形象,更是在潜在客户的心智中建立一个强有力的存在感,使得当他们想到某一品类产品或服务时,首先想到的就是你。这种策略,我们称之为"品类思维"。**当客户需要解决问题时,首先采用品类来思考。天热,客户先想到买空调、电风扇,然后才会考虑找谁买。销售人员个人品牌就是当客户在头脑中检索品类时跳出来。**

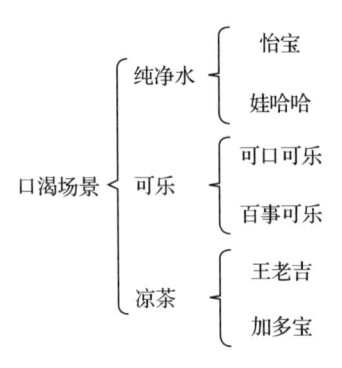

```
              ┌ 纯净水 ┬ 怡宝
              │       └ 娃哈哈
              │       ┌ 可口可乐
  口渴场景 ───┤ 可乐  ┤
              │       └ 百事可乐
              │       ┌ 王老吉
              └ 凉茶  ┤
                      └ 加多宝
```

另外,当下客户在做出购买决策之前通常会进行大量的研究,他们更倾向于从互联网搜索相关信息和建议。在此阶段,如果销售人员能够提供有价值的内容,就可以有效地吸引目标客户。如果你专门销售工程机械设备,那么可以通过撰写关于工程机械设备选择、操作和维护的文章,制作教程视频或者通过社交媒体分享行业动态,就有可能成为工程机械品类代名词。

1. 品类思维的核心

品类思维基于这样一个前提:在消费者的心中,每一种产品或服务都归属于某个特定的品类。例如,当你想到快速餐饮,可能首先会想到麦当劳或肯德基;当考虑购买运动鞋时,你可能首先会想到耐克或阿迪达斯。对于销售人员而言,品类思维的目标是成为某个具体领域或品类中的首要人选。

2. 个人品牌的品类思维要垂直聚焦

在这个信息时代,每个销售人员都面临着巨大的市场噪声干扰。我们所推广的产品和服务,往往需要在海量同类竞品中脱颖而出才能吸引眼球。而要做到这一点,个人品牌的品类定位就显得尤为关键。

很多人常常认为,品类定位越广泛越好,这样能覆盖更大范围的受众群体。其实这种想法是值得商榷的。如果你对品类定位不加以瞄准和聚焦，反而会适得其反，最终一无所获。这就好比，你在超市货架上看到一款所谓的"万能"家用清洁剂，标称可以洗衣、洗碗、洗地、洗车，甚至还能洗狗。你会不会觉得这款产品有些"夸大其词"，实在让人无从下手？反过来，如果是专门的"地板清洁剂"或者"汽车清洁剂"，你就能更快捕捉到重点，判断其是否符合你的实际需求。

同理，如果一位销售人员对自己的品牌定位笼统模糊，标榜"我可以为所有行业、所有规模的企业服务"，那无疑会让目标客户群体感到困惑和抗拒。与之相反，如果这位销售人员将个人品牌的品类塑造为"专门为中小型金融机构提供 CRM 系统解决方案"，那无疑就会让人眼前一亮，这才是专业人士该有的作风。一旦确立了这一品牌品类定位，销售工作就会事半功倍。

比如，在寻找潜在客户时，这位销售人员就可以有的放矢，只针对符合条件的金融机构垂直开展营销。由于目标群体明确，他在吸引客户关注度、节省营销成本等诸多方面都会事半功倍。

再者，一旦与客户签约，他的营销内容和服务内容就可以直接聚焦于金融 CRM 领域，无须东拉西扯，这样显得专业且高效。与之相对，如果销售人员还要钻研多个行业的信息，才能应付开放式客户群，那必定会力有未逮。

更重要的是，**个人品牌品类定位的聚焦，让销售人员在专业领域的积累和造诣上趋于深入，而不至于浅尝辄止**。比如，前面提到的金融 CRM 销售人员，如果他长期只服务于这个特定行业，必然可以把 CRM 系统在金融场景下的各种应用举一反三，而不会过于生疏。

凡事专一，方能钻通。一旦销售人员真正攻克某个垂直细分领域，并建立起客户对其专业素养的信任和认可，未来的业务空间将无限延伸开来。

那些在同一行业摸爬滚打多年的老手们,可以为大家佐证这一点。我曾采访过一位中端服装品牌的营销总监,他们公司的销售主管简直就是中小服装代工厂的活地图。由于长期专注于这一垂直领域,熟悉其中的潜规则和陋习,因此每每能出奇制胜,赢得口碑和订单。与之相比,那些东一榔头西一棒子什么都懂一点的"杂家"销售人员,在与业内人士交涉时往往会露出疲态,言语、举止中缺乏针对性和说服力,自然就很难在竞争中突围。

当然,**小众垂直市场并不意味着市场一定很小,而是指细分程度很深,客群边界相对明确**。比如,虽然"数据分析师"听起来是个小众领域,但其覆盖面相当广泛。因此,我们在选择垂直细分市场时,一定要权衡市场容量与细分程度。太过小众,市场空间就会太窄,又或者细分得不够深,差异化程度低,都会影响发展前景。

总之,明智的个人品牌品类定位,对于销售人员来说是一门极有学问的精深功夫。既不能故步自封、小家子气,又不能东拉西扯、盲目放大。我们要跳出自己的"池塘",但不能妄入"太平洋"。只有找准垂直切入点,注重专业积累,我们才能在竞争日益激烈的时代立于不败之地,成为行业翘楚!

无论是老销售、新销售,都要时刻反思自己个人品牌中品类定位的合理性,不断精益求精,在狭窄而深邃的个人品牌的品类之路上一往无前!

3.3.3 专业值得信赖:销售个人品牌基座

专业值得信赖是每一位销售人员的必修课。在这个时代,每一个销售人员都应该建立自己的个人品牌。要做到这一点,首先要成为一个专业值得信赖的人。否则,你的个人品牌只不过是一个空壳,没有任何价值和说服力。这就好比你想建一栋高楼大厦,却连地基都没有打好，注定是徒劳无功的。

让我从一件小事开始讲起。前段时间，朋友想买一个工业品配件，就托我帮忙询价。我给他介绍了几家供应商的情况，价格都差不多。但他最后还是决定到我推荐的第一家供应商那里买。为什么呢？因为那家供应商销售人员是一个说话算话、办事靠谱的人。虽然其他供应商的价格也很诱人，但朋友放心不下，生怕买了个山寨货或者被忽悠了。

从中你可以看出，专业值得信赖对于一个销售人员来说是多么重要。要获得客户的信任，光靠口才是远远不够的，关键在于你自身的专业素质和个人品德。《值得信赖的顾问》一书创造性地将信任水平公式化。信任建立在多个层面：可信度、可靠度、亲近感和自我导向。销售人员需要在这四个方面持续优化和表现出色。

$$T = \frac{C+R+I}{S}$$

其中：
T = 信任水平
C = 可信度
R = 可靠度
I = 亲近感
S = 自我导向

1. 可信度

可信度的建立需要客观能力和主观努力两方面。客观上，你必须持续学习，掌握本行业的专业知识和实操技能。没有扎实的功底，你的可信度只能是空中楼阁。同时，你也要留意自己的仪表举止，树立一个专业人士的形象。

比如，在介绍产品时，你要用专业的语言解释每个细节，表现出你对这件事的熟稔把控。如果客户问及你不太熟悉的领域，你也要诚实以告，而不是敷衍或者忽悠。因为一旦被客户识破，你的可信度就会荡然无存。

除了知识技能，你的服装仪容、社交媒体照片、文字排版也会影响客户对你的评价。所以保持整洁大方、得体专业的仪表很重要。还有，在与客户在社交媒体上交流时，你要用恰当的语气语调，保持社交媒体照片与文字的专业性，以给人专业靠谱的感觉，而不是漫不经心或者草率轻佻。

2. 可靠度

可靠度的核心就是说到做到。作为销售人员，你经常要向客户许下各种各样的承诺，无论是关于产品、服务的还是后续跟进的，你都必须一一实现。一次失信，足以抵消你长期努力建立的可靠形象。

可靠的销售人员，会用数字化工具（无论是数字销售工具，还是印象笔记等工具）详细记录下每一个承诺，并按期执行。即使出现临时状况也要及时向客户说明，而不是一无所知。有时还需要超出预期，主动为客户提供更多服务，这样客户对你的信赖感就会与日俱增。

记得我买车的时候，销售人员不仅在购车环节服务态度很好，还在送车后一直密切跟进，每隔一段时间就会主动来交流车的状态与使用心得。这让我对他的印象非常好，因为大多数销售人员一卖了车就把你忘到九霄云外了。

总之，可靠是一个长期的过程，需要持续的耐心和诚信。只要你兑现承诺，主动为客户提供优质服务，可靠度自然就能得到不断巩固和提升。

3. 亲近感

亲近感是你与客户建立良好关系的基础，它能让客户对你产生亲切和信任的感觉。缺乏亲近感，你们的互动就只会停留在肤浅的商业层面，难以建立深层次的情感联系。我有一个朋友在TOB软件销售行业做了十多年，凭借自己极强的亲和力，屡屡创造可观的业绩。他不但与各种客户打成一片，而且同行都很欣赏他。

培养亲近感的首要一步就是真心实意地关心和了解客户。不要把他们当成赚钱的对象，而要当成朋友，去体会他们的感受和需求。你可以时不时地通过社交媒体主动询问客户的工作和生活状况，并及时给予反馈和建议。只有当你真心对他们的生活有所了解和投入，才能拉近距离。

另外，展现同理心也是提升亲近感的有效方式。当客户遇到困难或质疑时，你要设身处地为他们着想，用同理心去倾听和理解他们的处境。如果你总是一股脑地把产品或服务硬推给客户，而对他们的疑虑置若罔闻，那亲和力自然难以建立。

适度自我展现也有助于提升亲近感。当然，这里说的自我展现并非自我中心或是夸夸其谈，而是分享一些你的个人生活和经历，让客户对你这个人有更多了解。比如谈谈你的爱好、家庭、成长经历等，以此加深客户对你的熟悉感。但同时你也要控制好分寸，不要过多牵扯私事，而是在与客户建立了一定亲近感后再适当分享。如果一开始就自曝家丑，未免显得没有分寸感。总之，找准时机和恰当的边界，通过适度自我展现培养与客户的亲近感。

亲近感的确立是一个循序渐进的过程，需要你付出持续的心力。但只要你用心经营这种情感联系，终有一天，客户就会将你视为值得信赖的亲密伙伴，而不仅是一个销售对手。

4. 自我导向

自我导向分为低自我导向性和高自我导向性。其中所谓低自我导向性，就是将客户的利益放在首位，而非唯利是图，一味追求个人或公司的利益最大化。很多销售人员之所以失去客户的信任，往往就是因为过于自我导向（即高自我导向）。他们总是试图主推高利润的产品，甚至使用一些夸大或误导的营销语言。虽然这样做或许能够短期内获得不错的销售业绩，但从长远来看，这种自我导向的行为必将失去客户的信任和尊重。

一个专业值得信赖的销售人员，应该时刻将客户的切实需求放在首位。在推介产品或服务时，不应该勉强客户购买超出需求的东西，而是要真诚地为客户推荐最合适的方案。即便这样做牺牲了部分个人利益，但换来的是客户的信任，这种信任对于长期的合作关系至关重要。

我还想提醒你，通过社交媒体上的文字与叙事风格也能看出你是不是高自我导向性。那些"自嗨"的广告风格社交媒体内容都是典型的高自我导向性。

我曾经遇到一位销售人员，他为我推荐了一款产品，价格确实比其他家稍高一些。但他非常诚恳地告诉我，虽然这款产品价格较高，但在某些关键指标上要比其他家的产品强一些，更加匹配我的实际需求。最终我选了这款略显"小贵"但确实更适合自己的产品。

有了这四个基本素质作为根基，你在客户心目中就是一个专业值得信赖的人，人们自然也就愿意相信你的产品和服务。反之，如果缺乏这些基本点，你的个人品牌再响亮，在客户眼里也只不过是浮云而已，毫无分量可言。

你也可以进一步从语言、行为、情绪、动机层面来系统看可信度、可靠度、亲近感和自我导向。

要素	范畴	示例
可信度	语言	我相信他所说的话
可靠度	行为	我相信他会采取行动
亲近感	情绪	讨论这个话题令我感到自在
自我导向	动机	我相信他对这件事很在乎

从专业值得信赖的销售的角度看，你应该尽量避免带给客户下图所示的感觉。

表现不佳的要素	被形容为
可信度	信口开河
可靠度	不负责任
亲近感	拒人千里
自我导向	心怀不轨

当然，成为一名专业值得信赖的销售人员绝非一蹴而就。这需要我们在日复一日的实践中不断锤炼和总结。但是，只要有了正确的职业理念，怀着一颗谦逊好学的心，定能在这条道路上一步一个脚印，最终到达职业生涯的理想境界。

3.4 按照个人品牌剧本演出，成就销售巅峰

当你完成了个人品牌的定位，接下来的旅程将是一场持久的演出，一场不断展示和强化你个人品牌的表演。当然最舒适的状态是**本色出演**，但是努力靠近你理想中的形象是必备的。想象一下，你是一位舞台上的主角，每一次互动都是一场表演，你的目标是让观众——你的客户，深刻记住你的角色。

个人品牌构建不仅是静态的定位，更是一个动态的展示过程。你的每一个动作，每一次交流，甚至你的着装和社交媒体上的表现，都是塑造个人品牌的一部分。在这个过程中，你的目标是让你的个人品牌成为客户心中的一个鲜明且一致的形象。

个人品牌 = 个人品牌原型 + 品类思维 + 专业值得信赖，这个公式揭示了个人品牌的影响要素，是一个销售人员的日常工作指南。下面介绍通过有意识的行动积极塑造个人品牌的方法。

3.4.1 激活你的个人品牌原型：让客户看到独一无二的你

在个人品牌激活的过程中，选择并活化一个符合你职业身份和个性的原型是至关重要的。这种原型的活化不仅是理论上的认同，更需要在实际行动、沟通方式以及解决方案的提供中体现出来。让我们以几个具体的原型为例，探讨如何在软件技术服务销售中有效地活化和利用这些原型。

- 探险家：作为一个以探险家原型出现的销售专家，你说出的话和建议总是围绕探索未知和尝试新方法展开。例如，在推广一款新的云计算服务时，强调这项服务如何帮助客户开拓新的业务领域或优化现有的工作流程。你可以展示一些前沿的案例研究，或者提供试点项目的机会，让客户体验技术带来的变革和优势。

- 英雄：英雄原型的销售人员会在客户面临困难时挺身而出，提供解决方案。在技术服务销售中，你可以强调自己在解决复杂技术问题中的专业性和可靠性。例如，你可以讲述如何帮助其他客户克服重大技术障碍，或者如何在紧急情况下迅速响应以保证客户业务的连续性。

- 魔法师：魔法师原型的销售人员擅长创造奇迹和带来变革。在软件技术销售中，你可以聚焦于那些能够显著改变客户业务运营方式的创新技术。展示你的产品如何通过自动化、人工智能或数据分析等功能，为客户带来前所未有的效率提升和成本优化。

- 创造者：创造者原型的人格特质是创新和创造新事物。在销售对话中，着重于分享你的技术解决方案，使客户能够实现他们的创新目标，如开发新产品或进入新市场。提供定制化的解决方案和深入的技术支持，证明你不仅销售产品，更是客户实现创意的合作伙伴。

通过这样的方式,你的个人品牌原型不再是一个抽象的标签,而是你通过与客户的每一次互动实实在在地将个人品牌原型展现出来,让客户感受到你的独特价值。这种方法能够让客户更加信任你的专业能力,并在长期的合作中与你建立起深厚的信任关系。

3.4.2 心智占领战:品类思维帮你成为客户的首选

持续强化你的品类。例如,如果你是专注于豪华房地产的置业顾问,那么每一次与客户沟通你都应该通过豪华、独家和细致入微的形象吸引客户的注意。你的专长必须与你所处的细分市场关联,以至于人们一想到该产品,就会想到你。这不是要你样样通,而是完全拥有你的品类,使你的名字成为该品类的代名词。

在销售人员个人品类思维的实践中,你需要做到如下事情。

- **明确定位**:首先,需要明确自己想要在哪个品类中取得领导地位。这需要对自己的专业技能、知识和擅长的领域有深刻的了解。例如,如果你是房地产销售专家,那么你的品类可能是"高端住宅销售"或"商业地产投资"。
- **构建专家形象**:通过输出行业相关的文章、在行业会议上演讲或通过社交媒体分享专业见解,建立你的品类专家地位。这些活动不仅提升了你的可见度,还帮助你建立了在该品类领域的专家形象。以医疗销售为例,当潜在客户考虑购买新的 X 光机设备时,他们可能首先会在网上搜索相关信息。如果在此过程中看到你发布的有关最新 X 光机技术、使用案例、客户评价的文章或视频,你的名字就很自然地与该品类联系在一起了。这种联系不仅基于你提供的产品信息,更基于你展示的专业知识以及对客户需求的理解。
- **持续的品类维护**:个人品类的建立不是一次性的活动,而是一个持续的过程。随着市场的变化和个人职业的发展,不断调整和优化你的个人品牌。保持与时俱进，并确保你的品类信息始终保持一致且与市场趋势相匹配。

品类思维在软件技术服务销售人员的实践中可以通过以下方式强化与塑造：每次与客户沟通，你都应该将讨论重点放在云技术的可靠性、安全性以及如何帮助企业实现数字化转型上。你的目标是使自己成为云计算解决方案的代名词，当企业想升级其IT（信息技术）基础设施时，首先想到的就是你。为此，你接下来演出的剧本与动作如下。

- ❑ **案例研究分享**：定期通过你的社交媒体平台、博客或新闻通讯分享成功的客户案例。展示你如何帮助其他公司通过云解决方案优化它们的业务和数据管理流程。这种实际的案例可以强化你在该领域的专家地位，并且让潜在客户看到与你合作的具体成果。通过展示你能够理解并满足不同客户的独特需求，可以增强客户对你专业可靠性的认识和信任。

- ❑ **行业趋势解读**：保持对云计算及相关技术发展的最新了解，并定期发布分析文章或报告。通过深入解析技术趋势和市场动向，你可以展示自己的前瞻性思考和行业洞察力，这将进一步巩固你的品类领导地位。

- ❑ **教育性研讨会和网络研讨会**：定期举办关于云计算技术的研讨会或网络研讨会，教育客户和潜在客户利用云技术提升业务效率和安全性。这不仅能展示你的专业知识，还能直接与目标客户群建立联系和互动。

通过这些"演绎"，你的名字将与云计算解决方案的高效、安全和创新紧密联系起来，成为该领域的标志性人物。这样的品类思维不仅帮助你在激烈的市场竞争中突出重围，更能为客户提供真正有价值的服务，从而实现长期的职业成功。

通过上述实践和案例，你可以看到，销售人员通过品类思维进行个人品牌定位的价值。这不仅是在销售产品或服务，更是在潜在客户的心智中建立一个持久的印象，使你成为当他们考虑特定需求时的首选。

3.4.3　超越销售：信任构建之旅，打造成专业的代名词

在建立专业的个人品牌时，持续展示你的可信度、可靠度、亲近感和低自我导向性对于建立和维护客户信任至关重要。这些元素不仅是你专业身份的基石，还是确保客户忠诚度和持续促成业务的关键。在技术服务销售领域，结合前述的个人品牌塑造，帮助你在销售过程中持续展现这些关键品质。

- **专业知识的可信度**：通过持续学习和获得相关行业认证来增强你的专业知识的可信度。定期参加行业会议，获取并分享最新的技术发展趋势。利用专业博客、白皮书或在线课程来传播你的知识和洞见。例如，你可以撰写关于最新云计算技术的文章，或者解析最新数据安全法规的影响。
- **行为上的可靠度**：在与客户的每一次互动中，确保你的承诺和行动一致。设立清晰的期望，并始终如一地履行你的承诺。例如，如果你承诺在一定时间内解决客户的技术问题，你要确保你或你的团队能按时完成。
- **亲近感的建立**：使用开放的沟通方式来建立与客户的情感联系。通过定期的跟进和个性化的服务来显示你对客户的关心和理解。例如，发送定制的节日问候或行业相关的最新信息，可以让客户感受到他们对你来说不是一个业务编号，而是生活中的朋友。
- **低自我导向性的表现**：真正聚焦于客户的需求而非你的销售目标。在提供解决方案时，你要始终从客户的利益出发，避免推销不必要的产品或服务。例如，当提供软件解决方

案时，你要根据客户的实际业务需求而非潜在的最大化销售额来推荐产品。

通过在日常操作和交流中不断展示这些特质，你将自然而然地建立起专业和可信的形象。这不仅有助于短期的销售成功，更为长期的客户关系和品牌忠诚度打下坚实的基础。这种深度的客户关系是通过一贯的表现和真正关心客户的需求建立的，最终能够确保你在竞争激烈的市场中获得成功。

3.5 社交媒体时代：销售人员必学的个人品牌打造之道

现在，整个世界就是我们的舞台，社交媒体、专业社群，乃至各种在线平台，无一不是展现自我、扩大影响力的绝佳场景。你需要在社交平台上持续输出优质内容，主动与他人互动交流；在线上活动中挺身而出，分享独到见解；还要精心维护自己的专业社群，与志同道合的伙伴们建立深厚的人脉关系。

3.5.1 选择合适的平台：个人品牌的展示窗口

社交媒体平台种类繁多，每个平台都有其特点和使用场景。对销售人员而言，选择合适的社交媒体平台至关重要。一方面要与自己的目标客户群体和专业领域相契合，另一方面也要根据平台特点传播符合其风格的内容。那么作为销售人员在塑造个人品牌的过程中，如何选择合适的社交媒体平台？

对于 B2B 销售人员，Linkedin 无疑是首选（尤其是出海业务）。作为全球领先的职业社交平台，Linkedin 聚集了大量的企业高管和专业人士。销售人员在这里可以展示专业形象，发布行业洞见和见解，也可以联络潜在客户，从事职业网络拓展。

比如，我认识的深圳李先生是一位 3C（计算机、通信、消费类电子产品）行业的资深销售顾问，他在Linkedin上建立了完善的个人主页，定期分享深圳华强北及全球3C产业动态和见解，并主动与同行、潜在客户互动。凭借出色的专业素养和良好的人脉关系，他很快在业内赢得了良好口碑，成为该领域的KOL（关键意见领袖）。

除了类似Linkedin之外，对于销售快速消费品或年轻潮流产品的销售人员来说，抖音或小红书等视频社交和内容社区平台更加适合。这类平台的用户群体较为年轻，内容形式也更注重短视频与互动。以小红书为例，作为一个时尚生活类内容社区，在这里销售人员可以结合产品特点制作生动有趣的短视频，展现产品的独特魅力和使用场景。通过与用户的良性互动，培养潜在的种草用户群体。平台上最近有一位很火的美妆达人，她会在小红书上分享精心制作的美妆教程视频，并推荐自己代言的彩妆品牌产品。凭借欢快生动的语气和高质量的内容输出，她已经在小红书积累了上百万粉丝，成为业内少见的大网红，也为所代言的品牌赢得了大量年轻粉丝。

相比之下，对于销售一些传统的大宗商品或服务的销售人员来说，知乎这样的知识问答社区更加合适。在知乎上，销售人员可以充分展现自己的专业素养，解答行业热点问题，回答客户疑惑，从而树立专业权威的形象。比如，刚从事太阳能发电行业的张先生，他就在知乎建立了个人账号，工作之余总结经验，针对热门话题发表高质量回答和分享文章。短短几个月，他在知乎上就有数万粉丝，被视为该行业的内行人。凭借在知乎上建立的专业形象，他更获得许多潜在客户的询盘与互动。

当然，除了上述几种主流社交媒体平台外，销售人员在塑造个人品牌时，还可以考虑其他渠道。

❑ 微信公众号：对于销售服务类产品的销售人员来说，微信公众号是一个很好的选择。微信公众号能够实现内容营销，通过持续输出高质量原创内容，树立专业权威的形象。同时也可以与粉丝保持良性互动，培养客户黏性。
- 行业社区/论坛：对于一些垂直细分领域，销售人员可通过活跃在相关行业的社区和论坛，与同行交流切磋，分享案例和心得。通过长期耕耘，赢得业内口碑，进而获取更多商机。
- 微博：微博是一个即时分享资讯和观点的大众化平台。销售人员可以在这里分享一手行业动态，发布精辟见解，并与大众互动。对于一些大众类商品的销售人员，微博是增加曝光率的绝佳渠道。

总的来说，无论选择哪种社交媒体平台或渠道，你都要根据自身定位、目标受众和内容形式进行选择。同时保持内容创新和持续输出，与受众保持良性互动，才能真正赢得品牌效应。

3.5.2 优化社交媒体上的个人资料

社交媒体上的一份完整且专业的个人资料，是展示个人品牌的基础和窗口，直接决定了他人对你的第一印象。优秀的个人资料需要从以下几个方面着手。

首先是头像，一张高质量、专业、正面的头像照片能给人留下良好的视觉印象。现如今很多人在社交媒体上随意使用生活照或者卡通头像，这在职场环境下是极不专业的做法。一位资深销售人员就应该选择一张正装或者精神焕发的工作照作为头像，让人看一眼就能感受到你的专业素养。

其次是个人简介，这是展现你专业能力和个人品牌的重要窗口。个人简介要言简意赅，突出重点，通常包括你的工作身份、专业背景、主要工作经历、擅长领域等。例如"××公司数字营销总监，从事数字营销10年，专注内容营销、用户运营，擅长制定数字化转型策略"。同时也可以适当植入个人品牌理念,比如"引领 CRM 行业创新,致力于品牌数字化转型"。

我曾经辅导的一位从事企业软件的销售人员,他在知乎上先是简单介绍了自己的工作职位,然后概括了 8 年的销售工作经验和主攻领域,并突出自己"通过数字化手段帮助企业实现高效销售、优化业务流程"的专业方向,最后阐述了"与客户建立长期的合作伙伴关系"的理念。这样的个人简介内容丰富且重点突出,让人迅速感受到了他的专业背景和品牌理念。

再次,完整的个人资料还应包括相关链接。这些链接可以是你所在公司的官网、你个人的博客或者其他作品展示平台等,为受众提供进一步了解你的渠道。比如,一位人力资源 SaaS 软件的销售人员,他的个人简介里就附有公司官网链接和自己的 CSDN 博客链接。这样一方面可以让潜在客户直接了解公司产品,另一方面也能让对方了解他个人的专业见解和影响力。

最后,视觉展示也是优化个人资料的一个重点。人们在浏览社交媒体时往往是扫视,所以在个人主页增加精美有质感的图片或者其他视觉元素,有助于快速抓住注意力。这种视觉展示最好与个人品牌理念或专业领域相关,以凸显专业特色。例如,我关注的一位销售奢侈品的资深人士,他的个人主页 Banner(横幅广告)图片使用的就是自己负责的产品的照片,给人一种高级品质感;而从事企业软件销售的小王,他的个人主页背景则使用了扁平的线条设计,营造出一种科技和专业的视觉体验。

总之,完整且优质的个人资料是塑造个人品牌的基础。一份富有吸引力的个人资料,能够让人快速感知到你的专业性、对细节的执着程度,也会让人对你产生信赖感和好奇心,从而主动深入了解你和你的品牌。所以销售人员们一定要重视起草和优化自己的个人资料,把这作为树立个人品牌形象的第一步。

3.5.3 社群和在线平台：建立和维护关系的工具

在当下这个数字时代，销售人员要想塑造自身的个人品牌，单单依靠线下途径是远远不够的。我们必须学会充分利用各种在线社群和平台，通过与他人的互动交流，树立专业形象，扩展人脉网络。

其中，加入相关的专业社群是非常有效的一种方式。无论是线上的行业论坛、专业社群，还是某些微信群或者钉钉群，只要与你的专业领域相关，都值得积极关注和加入。

在专业社群里，我们可以与志同道合的人深入交流探讨，互相分享行业经验和见解，扩展自己的视野。同时，通过主动回答他人的提问，分享个人心得，也可以逐渐提升自己在社群中的影响力和专业地位。作为一名 IT 解决方案销售人员，小王就加入了多个类似"IT 销售精英社群""TOB 销售社群"等社群，在这些社群里，他会密切关注大家分享的销售技巧和案例，并定期分享自己总结的一些实战经验和心得。经过几个月的投入，他已经成为这些社群里的活跃分子之一，在群里也结识了不少同行。

除了专业社群之外，行业论坛和特定的在线渠道也是值得重视的资源。很多时候，通过在论坛与其他人展开讨论和分享，我们可以了解最前沿的行业动态和发展趋势。有些知名企业会在自家的官方社区里与种子用户互动，这也是获取第一手信息和反馈的绝佳机会。比如，雷锋网上有专门的 AI+ 销售版块，各路 AI 从业者和销售达人都会在这里进行思想碰撞。

除了主动加入和参与各类专业社群之外，销售人员们也可以考虑自己创建一个小型的线上交流群或者社区。这种自主运营的小型社群，一方面，可以作为与核心客户和种子用户保持联系的渠道，方便传递产品动态和获取反馈意见；另一方面，它也是展示个人影响力和输出内容的平台。通过定期在群里分享干货内容、组织线上活动，你可以逐步凝聚一批与你个人品牌有共鸣的受众群体，进而增强你在这个小范围内的影响力。

比如,销售 CRM 系统的老张创建了一个名为"高效 AI 营销"的微信群,里面聚集了 100 多个中小企业的营销负责人。每周老张都会在群里分享最新的营销案例和实操技巧,偶尔也会组织一些线上直播分享会。凭借这种持续的内容输出和互动维护,老张不仅锻炼了自己的分享能力,还在小范围内赢得了一批忠实粉丝,他们中很多都成为老张的客户。可以说,这个微信小群为他的品牌和业务都带来了不小的助力。

在数字时代,专业社群、行业论坛、微信群、个人自媒体等为销售人员提供了极好的建立和维护人际关系网络的机会。合理利用并持续投入这些平台,定能为你的个人品牌带来事半功倍的效果。

3.5.4 举办和参与在线活动

在这个数字时代,在线活动无疑是销售人员展现个人品牌、扩大影响力的绝佳机会。无论是主办还是参与,通过精心策划的在线活动,我们都能够以专业的姿态展现自我,提升品牌认知度。

其中,举办自己的线上直播或者分享会是非常不错的选择。依托直播、视频会议等技术手段,销售人员可以针对自己的专业领域,向受众传递干货内容,分享真知灼见。

比如，每个季度你可以举办类似"AI市场前沿"的线上直播分享会，针对营销科技的最新动向进行解读分析。每场活动可以邀请几位行业大咖担任嘉宾，共同与观众探讨营销技术趋势和应用实践。这种线上直播分享会不仅有利于提升你在AI营销科技领域的影响力，还可帮你结识同行和潜在客户。

当然，作为销售人员，你也可以主动寻求在其他人的活动中担任讲师或嘉宾的机会，以此彰显个人专业素养，赢得更多曝光与认可。我有一位同行张先生，他多年来一直在各类线上论坛和社群里担任讲师，他每次准备都很充分，内容都极具洞见，因此在销售自动化领域小有名气。2023年，他就受邀担任了一场业内"未来销售高峰论坛"的分论坛主讲嘉宾，在高端舞台上展现了自己的专业实力。后来他告诉我，这场大会给他带来不少合作机会。

在数字化时代，销售人员需要通过社交媒体、社群和其他在线平台，有效展示和提升个人品牌。通过选择合适的平台、优化个人资料、发布有价值的内容、参与互动和讨论，以及加入专业社群和举办在线活动，你可以建立和维护一个强大的个人品牌，增加你的可信度和影响力。

在这个过程中，持续学习和提升、保持一致的个人品牌形象以及定期评估和优化，是维护和增强个人品牌的长期策略。我想这些建议和案例能够帮助你在数字化时代成功建立和维护你的个人品牌，提升你的销售业绩。

3.6 塑造与维护个人品牌的独特性

在这个信息过载的时代，如果你的个人品牌没有独特之处，很容易就会被同行淹没。作为一名销售人员，要想在这么多个人品牌噪声中脱颖而出，吸引潜在客户的目光，打造独一无二的个人品牌形象就显得尤为重要。

那么，如何让自己的个人品牌"锐不可当"呢？

独特的定位是指对自己专业领域和品牌定位的清晰认知。举个例子，如果你是一名数字营销顾问，单单把自己定位为"营销专家"还远远不够。你需要进一步突出某个细分领域，比如"工程机械内容营销""教育培训机构线上私域运营"等，让潜在客户看一眼就能知道你的专业特长。

我就遇到过一位自我定位极其独特的同行。他在个人简介中把自己定位为"专注B2B企业线上展会运营10年有余，中国线上展会运营第一人"。一下子就让人对他在这个细分领域的专业能力有了清晰认知，很难不被他吸引。

除了定位，**个性化的亮点同样是打造独特个人品牌的重要一环**。面对各式各样的销售从业者，如果你能挖掘出某种令人印象深刻的个人特质或风格，就很容易让自己在人群中脱颖而出。有一位销售同行，从事企业级软件解决方案销售工作，他的个人品牌视觉风格就很值得借鉴。他的个人社交头像使用的是一张正装西服的白底肖像照，看上去十分正经稳重，而他的个人简介中强调了"专注企业IT需求分析10余年"等专业背景，他整体给人的感觉就是一位可信赖的企业IT顾问。与此同时，他的线上直播分享会视频采用了扁平化的配色方案，整体营造出一种专业科技范的氛围。从视觉层面就把他专业可靠、精于科技的品牌形象展现得淋漓尽致。

如果将包装做得恰到好处，独特的个人品牌形象就会更加鲜明立体，让人终生难忘。反之，如果包装随意，哪怕内在素质再出众，也很难让人对你的品牌有深刻印象。

除了视觉呈现，声音的包装同样重要。很多销售人员在线上直播时，语音表达总是处于一种容易被忽视的状态。建议直播前先测试一下发音，让自己在语速、音量和声线方面保持专业感。我知道一位做课程直播的老师，他在录制分享视频前，都会先模仿播音员朗读一段文字，让自己的发音状态好起来。在正式录制时，他的声线便能保持专业自然，极大地提升了整体的专业度。

随着个人品牌影响力的扩大，独特的个人品牌理应延伸到线下。比如，个性化的个人物品、工作装扮等，同样能带给人深刻的视觉体验。我就见过一位国内营销策划人，他经常穿一款印有自己标志性 Logo 的衬衫出席活动。别人看一眼就知道是他，而他那独特的装扮风格，也成为他个人品牌的一大特色。

除了专业热情，个性化的行为举止也需要体现出创新与人性化关怀。在 AI 时代，客户早已对标准化的销售模式产生审美疲劳，他们更渴望一些新鲜有趣、人性温暖的体验。因此，我们在为客户提供服务时，可以尝试一些创新的做法，以别出心裁的方式让客户感受到体贴入微的关怀。

我就认识一位业内有名的销冠老王，他的个人口碑就是以"创新关怀"而闻名的。他在服务客户时，往往会事先深入调研了解客户的个人喜好和特点，并据此为他们量身定制独一无二的营销方案和服务体验。比如，他会根据客户的兴趣爱好，为其准备小礼物或独家研讨会；或根据客户的家庭状况，专门为其家人设计独特的附加价值服务等。这些别出心裁的创新关怀，无疑给客户留下了深刻的印象，让他的个人品牌形象大放异彩。

优秀的个人品牌不应止于内在的专业素养，还要在外在的视觉、声音和实物等层面同步传达独特的品牌形象。只有内外兼修，你的个人品牌才能让人终生难忘，在这个时代中脱颖而出。除了前面提到独特的定位、个性化的亮点、包装之外，将个人品牌与一个独特的理念或使命相联系，也是非常值得思考的一点。

一个有理念支撑的个人品牌，不仅能让你的存在与同行区隔开来，更能赢得潜在客户和大众的共鸣和认同。因为这种具有理念性的品牌往往更具感召力和号召力。

我认识一位销售培训师，他把"重塑人性化销售，反对机械刻板"作为个人品牌的核心理念。这种理念非常独特，与当下风靡的销售方法论形成了鲜明对比。凭借这一理念，他不仅走出了一条独树一帜的发展道路，还赢得了广大销售从业者的拥护。大家对他理念背后所倡导的"人性化、同理心"的销售思维有着深度认同，从而自发地成为他的铁杆粉丝。

独特的个人品牌是多方面构成的。无论是内在的专业定位，还是外在的视觉呈现；无论是理念性的独特主张，还是模式创新的商业实践，只要你勇于尝试，必定能为自己的个人品牌注入独一无二的魅力，从而赢得属于自己的人气与影响力。

最后，我还想再次强调，**无论你如何精雕细琢个人品牌，都必须建立在可信的基础之上。任何造作和虚假包装都无法长久，反而会失去客户的信任**。

3.7 从濒临崩溃到重塑辉煌，个人品牌危机自救攻略

在这个以声誉立足的竞争激烈的商业环境中，每个销售人员都必须面对维护和管理个人品牌的挑战。事实上，一个明智的销售人员应视个人品牌为最宝贵的资产。那么，当你的个人品牌遭遇负面评论、竞争对手攻击或其他潜在危机时，你应该如何应对？现为你提供一份简洁的应对指南。

第一步：预防总比补救好。

在个人品牌的世界里，预防胜于补救。如果将你的个人品牌看作一艘船，那么市场就是茫茫大海。你是不会想让这艘船在暗礁上撞毁的，那么怎样才能确保你的船平稳航行，避免潜在的风暴呢？那就是做好预防措施。

（1）**持续监控：设立警报系统**。就像海上的灯塔一样，你需要一种机制来持续监控提到你名字的所有地方。可以使用类似 Google Alerts 等工具自动追踪互联网上提及你的内容，你需要经常在多个平台检索自己的姓名或者相关关键词。这种监控不限于负面评论，任何提及都是重要的。它像是你的预警系统，一旦出现可能损害你个人品牌的信息，你就能迅速做出反应。

（2）**建立正面形象：品质内容的力量**。想要在客户心目中建立一个正面形象，关键在于持续提供有价值、高质量的内容。这包括你的专栏文章、社交媒体帖子、短视频和公开演讲等。每一份内容都应该精心制作，反映你的专业知识和行业洞察。例如，如果你是一名健康饮食顾问，发布关于健康饮食的最新研究、营养小贴士或健康食谱等内容。这些内容不仅可提升你的专业形象，还可使你的受众觉得你值得信赖和尊重。

（3）**帮助你的客户：帮助客户正确理解你的服务或产品的真正价值**。这不仅可以减少误解和不满，还能提升客户满意度和忠诚度。进行客户沟通可以采用多种形式，如定期举办的研讨会、详尽的产品使用手册或通过 FAQ（常见问题解答）页面解答常见疑问。

这三个动作不仅能帮助你预防潜在的危机，还能让你树立起一个可信、可靠的专业形象。

第二步：快速响应危机。

在你的个人品牌航程中，不可避免地会遇到风浪。这些风浪可能是由负面评论或不公正指控形成的。在危机时刻，快速、专业、透明地响应是你能掌握的最强有力的桨。

（1）**快速响应：当危机来临时，迅速响应至关重要**。想象一下，如果有人在社交媒体上对你的服务提出批评，每一分钟的延迟都可能使问题扩大。通过快速回应，显示出你对客户关切的认真态度和解决问题的决心。这不仅是修复问题的实际行动，更是在积极管理你的形象。

（2）**保持专业：优雅的沟通艺术**。无论负面评论多么尖锐，保持专业和礼貌始终是回应的黄金规则。专业的态度不仅能平息激烈的情绪，还能在观察者心中树立成熟形象。例如，当回复一个批评性的评论时，用"我理解您的担忧，并非常感谢您的反馈。我正在查看此事，并将尽快解决"。这样的语句不仅表现了你的专业性，还展示了你的积极态度。

（3）**透明度：建立信任的桥梁**。如果问题确实是你的失误造成的，诚实地承认并提出具体的改正措施，这种透明度能显著提升客户对你的信任。不要试图掩盖错误，因为在信息透明的今天，真相迟早会大白。坦诚和负责任的态度会让人们看到你的诚信和责任感，这可以将一个潜在的危机转变为展示可靠性和诚实度的机会。例如，如果你销售的产品发生了质量问题，主动出面解释情况，并告知消费者你将如何纠正，并确保未来不会再发生类似问题。你还可以提供赔偿或其他补救措施修复与客户的关系。

通过快速响应、保持专业和维持高透明度，你不仅能有效管理个人品牌危机，还能增强你在客户心中的正面形象。

第三步：将危机转为机遇。

当你的个人品牌遇到危机时，请记住每一次挑战，都是展示你专业能力和客户服务态度的机遇。

（1）**有效地解决问题**。当一个客户在社交媒体上发表了一条关于你售卖产品的不满评论时，你不仅迅速进行了响应，还超出客户期望地解决了问题。这种积极的解决问题的方法不仅挽回了一位客户，还会通过这位客户的传播网络，增强其他潜在客户对你的信任。

研究显示，客户遇到的问题被解决后，其满意度往往比从未遇到问题的客户的满意度更高。因此，通过有效地解决问题，你不仅保住了客户的忠诚,还可能将他们转变为你品牌的积极推广者。

(2)**展示你的承诺**。在危机发生时,向客户展示你对质量和满意度的不懈承诺,是建立长期信任的关键。每一个解决方案都应该传达一个明确的信息:你致力于提供最高标准的产品和服务。例如,如果一个产品出现缺陷,提供无条件的退货政策或免费修理服务不仅是对客户的一种尊重,还是对承诺的具体体现。这种透明和有责任感的做法,可以大大增强客户对你个人品牌的信赖。

记住,最成功的销售人员不是从未犯错的人,而是那些知道如何从错误中恢复并变得更强的人。每一次危机都是一次展示你承诺、透明度和专业能力的机会,是让世界看到你不仅能够应对挑战,还能从中获益的大好时机。

第 4 章

传递内容：AI 时代销售的核心抓手

在 AI 驱动的新时代，销售的核心已经转变为一种更加深刻、更具销售力的行为——内容传递的艺术。

本章将带你深入探索这种新型的销售方法。我们将讨论如何将传统的销售话术转化为引人入胜的数字内容，如何利用 AI 工具提升内容创作效率，以及如何在各大平台上精准传递消息，让你的信息如同利箭般直达目标客户的心坎。你将学会如何在文字、图片、音频和视频中穿梭自如，打造每个销售个人的内容矩阵。

更重要的是，我们将探讨如何在这个算法主导的世界里依然保持人性化的触感。因为无论科技如何发展，销售的核心永远是人与人之间的连接。

4.1 新销售革命：内容传递的艺术

销售的本质是什么？是说服，是推销，还是建立关系？其实，归根结底，销售的核心就是"传递内容"。**无论是 B2B 还是 B2C，无论是线上还是线下，一切销售行为，都是为了向客户传递有价值的信息。**这个观点可能会颠覆你对销售的认知，但请继续往下读，你会发现这个视角将会彻底改变你的销售方式。

4.1.1 重新定义销售行为

让我们重新审视一下常见的销售行为。

- 礼尚往来：这不仅是一种社交礼仪，更是在传递"我重视你"这个信息。
- 上门拜访：除了展示诚意，更重要的是面对面传递产品信息。
- 销售话术：本质上是将产品信息转化为客户容易接受的语言。
- 招投标：将复杂的商业信息浓缩成文字和数据。
- 电话销售：通过声音传递产品价值。
- 朋友圈发文：利用社交媒体传播品牌和产品信息。
- 直播带货：将销售话术通过直播传递出去。

在这个视角下，我们看到销售行为就是多种形式的信息传递：礼尚往来成为一种感性的内容传递，通过感官体验让客户感受到产品的附加值；上门拜访是面对面的交流，将企业的诚意和实力直接展示在客户面前；销售话术和电话销售则是语言的艺术，通过话语的力量激发客户的兴趣和购买欲望。

在朋友圈进行营销、组织促销活动，这些看似各不相同的销售行为，本质上都是在将产品信息转化为客户能够理解和接受的内容，并将其传递出去。甚至当你在社交媒体上分享行业见解时，你也是在传递有价值的内容，建立自己的专业形象。

4.1.2　内容传递：销售的新定义

在这个新的视角下，销售人员的角色发生了根本性的变化。我们不再是简单的产品推销者，而是变成如下角色。

- 信息翻译者：将复杂的产品信息转化为客户易懂的语言。
- 价值传播者：不仅要传递产品信息，更要传递产品背后的价值。
- 问题解决者：通过内容传递，帮助客户解决实际问题。
- 关系维系者：通过持续的内容互动，维护长期客户关系。

在这个全新的视角下，销售人员俨然成为一个连接企业与客户的"内容媒介"。 再深入想一想，客户对产品的认知是如何形成的？客户对销售人员的信任是如何建立的？客户做出购买决策时需要什么？甚至在售后，如何维护良好的客户关系？答案只有一个：通过持续不断地传递有价值的内容和正能量。

在这个数字时代，每一次客户线上线下互动都是一次内容传递的机会。无论你是在撰写一条感谢短信，还是在社交媒体上发布一条动态，都要认真对待，因为这些都是在向客户传递你的专业性和价值观。

这种观念的转变，不仅适用于传统的线下销售，还在数字空间中大有可为。

在数字时代，这种内容传递的艺术变得更加重要和复杂。为什么？因为我们现在有了更多的渠道和工具来传递内容。社交媒体、短视频、直播、专栏、网络社群……这些都是我们可以利用的平台。但同时，这也意味着我们面临着更大的挑战：如何在信息过载的环境中脱颖而出？关键在于，销售人员需要理解并掌握数字时代的内容传递技巧。

首先，他们需要具备出色的内容生产能力。无论是撰写一份吸引人的投标书,还是制作一段生动的演示视频,都需要有足够的创意和洞察力,将产品的信息转化为能够打动客户的内容。

其次,销售人员需要熟练运用各种数字工具和平台。不同的平台有不同的用户群体,对应着不同的使用习惯,能够灵活运用这些平台将内容精准地传递给目标客户,是每一个数字时代销售人员必备的技能。例如,通过社交媒体平台发布内容,可以快速覆盖大量潜在客户;通过短视频,可以精准触达高潜力客户;通过搜索引擎优化,可以让更多有需求的客户主动找到你。

最后,销售人员需要懂得如何建立和维护客户关系。客户关系的维护不仅依靠成功的交易,更需要长期持续的内容互动。通过定期发送有价值的内容,持续关注客户的需求变化,并及时提供相应的解决方案,可以有效提升客户的忠诚度和满意度。

总之,这种从"推销产品"到"传递内容"的转变,不仅是销售技巧的进化,更是一种思维方式的革新。它要求我们以更加开放、包容和创新的态度看待销售工作。当你真正理解并践行这一理念时,你会发现,销售不再是一种职业,而是一门艺术,一种传递价值、影响他人的艺术。

4.2　AI 时代的销售日常工作主线

在这个数字化时代,销售人员的工作已经发生了翻天覆地的变化。过去,销售人员的日常工作主线是通过面对面的互动来吸引新客户,激活老客户,提供建议和产品推荐,进行有效沟通和说服,获取订单,并长期维护客户关系。然而,在当今这个万物互联的数字社会,销售人员必须学会在网络空间通过内容完成所有工作。

在数字空间,你与客户之间的互动并实现销售,唯一的抓手就是内容。

第4章 传递内容：AI时代销售的核心抓手

工作方面	重点内容	AI的作用	所需技能	与传统销售的区别	挑战与机遇
内容创造	·创作引发共鸣的内容 ·展示专业知识 ·传递核心价值和产品卖点	·辅助内容生成 ·优化搜索引擎 ·分析内容效果	·写作能力 ·行业洞察力 ·创意思维	·从口头推销转向内容销售 ·重视第一印象的塑造	·内容饱和度高 ·持续创新压力 ·建立独特声音
个性化客户体验	·识别和细分目标受众 ·提供定制化内容 ·持续提供价值	·数据分析 ·行为追踪 ·智能推荐	·数据分析能力 ·客户洞察力 ·个性化营销策略	·从统一服务到个性化体验 ·更精准的客户定位	·隐私保护问题 ·实现真正的个性化 ·提高客户忠诚度
智能化提案与推荐	·分析市场需求 ·匹配客户需求和偏好 ·制定个性化提案	·大数据分析 ·市场趋势预测 ·智能匹配算法	·数据解读能力 ·方案设计能力 ·市场洞察力	·从经验导向到数据驱动 ·更精准的需求匹配	·平衡AI建议和人为判断 ·快速适应市场变化 ·提高方案创新性
有效沟通	·掌握内容讲述技巧 ·建立情感连接 ·利用多媒体工具	·情感分析 ·实时翻译 ·对话生成	·数字化表达能力 ·跨平台沟通技巧 ·情商（EQ）	·从面对面交流到多渠道互动 ·更注重持续性互动	·保持人性化沟通 ·跨文化沟通障碍 ·提高线上说服力
客户关系维护	·持续提供价值 ·分析客户反馈 ·优化长期策略	·客户生命周期管理 ·预测性分析 ·自动化跟进	·关系管理能力 ·持续学习能力 ·战略思维	·从交易导向到关系导向 ·更注重长期价值创造	·在数字世界建立信任 ·平衡效率和个性化 ·提高客户终身价值

095

1. 内容创造：新时代的销售起点

在数字社会，第一印象往往由网上所见决定。销售人员必须精通内容创作，这不仅是撰写博客文章或社交媒体帖子，更是要创造能够引发共鸣、提供价值的内容。这种内容不仅能吸引潜在客户的注意，还能立即传递出个人的核心价值和产品的独特卖点。通过有价值的内容，比如行业分析、解决方案指南或用户故事，销售人员可以展示其专业知识，建立起专业形象。

> **ChatGPT** ✓
>
> 假如你是一名汽车销售员，今天业界新闻是特斯拉的Cybertruck上市，但是你个人卖的车并不是特斯拉。请你帮我写一个发表在微信朋友圈的观点，可以展示我专业汽车行业知识，塑造专家型汽车销售个人品牌，希望你语言幽默、有洞见、不失专业，字数在200字上下
>
> 今天的汽车圈沸腾了，特斯拉的Cybertruck终于上市了。作为汽车行业的资深观察者，我忍不住想说，这款车简直就是未来主义的野性代表。它不光是一辆车，还是一块移动的赛博朋克艺术品。但，朋友们，别急着剁手！Cybertruck的确是吸睛神器，但它更适合电影里的场景，而不是我们日常的城市通勤。还有，别忘了，真正的好车不仅仅是设计酷炫，还要考虑驾驶体验、售后服务和长远的维护成本。如果你想要一辆既能带你去超市买菜，又能优雅地去公司开会的车，欢迎来找我。专业的选择，靠谱的建议，让我带你找到最适合自己的那一辆！

2. 个性化客户体验：激活与维持关系的关键

数字化工具的发展使得个性化营销变得前所未有的容易。AI和数据分析的运用可以帮助销售人员识别和细分目标受众，从而提供量身定制的内容。这不仅是对老客户的重新激活，更是一种通过精确的目标定位，连续不断地为客户提供价值的策略。例如，通过追踪用户的在线行为，销售人员可以推送与其最相关的产品信息和优惠，有效提升转化率。

3. 智能化提案与推荐：AI助力制定解决方案

在 AI 的帮助下，销售人员可以更精确地理解市场需求和个别

客户的具体需求。AI工具可以分析大量数据，提供关于市场趋势和消费者行为的深刻洞见。利用这些信息，销售人员可以制定高度个性化的提案，精确地匹配客户的需求和偏好。此外，智能推荐系统能够在适当的时间向客户推荐适当的产品，极大地增强销售策略的效果。

4. 有效沟通：说服是一种对话的艺术

在内容过剩的网络世界，有效的沟通策略是说服潜在客户的关键。销售人员需要掌握内容讲述的技巧，用创新的内容吸引和保持用户的兴趣。这种策略不仅是信息的传递，更是情感的交流，能够建立起客户的信任和忠诚。同时，实时交互的平台（如在线聊天和视频会议）为销售人员提供了立即反馈和调整沟通策略的机会。

5. 客户关系维护：超越交易的长期战略

销售的终极目标不仅是获得订单，更是建立和维护长期的客户关系。在这个过程中，内容的持续创造和分享扮演了至关重要的角色。通过定期更新有价值的内容，销售人员可以保持与客户的联系，不断向其提供帮助和支持。此外，通过分析客户的反馈和行为，销售人员可以不断优化其内容策略，确保与客户关系的持续健康发展。

人工智能技术的飞速发展，意味着销售人员不仅要学会创作优质内容，还要掌握如何利用AI工具优化内容策略。 比如，利用自然语言处理算法分析客户反馈信息，从中挖掘创作灵感；或者使用内容优化工具，让内容更加符合搜索引擎的优化要求。

未来，**一个出色的销售人员，不仅要懂得如何说服客户，更要懂得如何通过内容说服潜在客户**。只有紧跟时代步伐，主动拥抱内容销售法，并与AI工具形成合力，销售人员才能在未来保持竞争力。相比过去单纯依赖口才和人际魅力，未来的销售人员需要成为一名全方位的"内容人"。他们的成功,不仅取决于产品本身,更取决于他们如何运用内容销售的力量,在网络世界中建立影响力,赢得客户的信任与青睐。

4.3 激发购买欲:内容驱动数字销售增长的秘密

请永远记住,内容只是手段,你要时刻清晰你的目的。

在这个数字化时代,销售已不再是简单地推销产品和服务,它已经演变成一门精细的艺术,需要巧妙地将商业目标转化为吸引人的内容,直抵人心。无论你是在招揽新客户、激活现有客户,还是加深与他们的关系,内容都是你不可或缺的关键工具。

就如同一个精心编织的"魔咒",内容能够撩动人们的渴望,点燃他们的欲望。它是一个强大的媒介,将冷冰冰的商业信息转化为栩栩如生的故事,吸引人们的注意,留下难忘的印记。在这个过程中,你是内容的创造者与传播者。

4.3.1 内容与日常销售目标的紧密联系

内容只是一个手段,你的真正销售目标才是导航的灯塔。无论是吸引新客户、推动产品热销,还是激发人们的购买欲望,你都要先明确自己的目的,然后将其翻译成为内容,传递出去。

每一个销售阶段都有不同的目标,因此需要不同形式的内容。比如,如果你想招徕新客户,就要将你的营销材料翻译成生动有趣的内容,激发客户采购的欲望。如果你想激活现有客户,那么你就要用折扣活动、特别优惠等独特内容再次唤醒他们对你的产品的购买欲望。

再者,如果你经营实体店,就需要将营销资料转化为吸引本地3~5千米范围内潜在客户的内容,让他们蜂拥而至。当然,维护客户关系同样重要，你需要把关心与联系翻译改写成为行动，或许是分享有价值的内容，或许是在社交媒体上互动，坚持以内容的形式呈现你的友谊与专业精神。

作为一名数字商业增长顾问，我经常被企业咨询如何在合法合规的前提下，有效获取竞争对手的客户，扩大市场份额。对此，我与你分享成熟的独门销售秘籍——利用数字化来精准触达目标客户。

只需针对竞争对手的客户群体量身定制专属内容，然后通过数字化工具准确高效地传递出去。这些内容或许是诱人的促销信息，或许是引人入胜的产品介绍，无一例外，它们都会精准影响竞争对手的客户的心智和购买决策，成为你"挖墙脚"的秘密武器。我过往辅导过众多卓越的销售团队已经将这种能力内化为日常习惯，形成了制度化的竞争优势。企业无须过多的言语，只需要将特定内容传递到竞争对手的核心客户群，就能吸引竞争对手的客户。

我辅导的一位学员，他是一家银行支行的行长，负责零售金融业务。然而，由于网点处于一个特殊的区域，周围都是政府机构和私家别墅，门卫管理严格。传统的线下营销手段（如展业活动、上门拜访）在这里受到了极大限制，银行营销行动受阻。

面对这一困境，他们团队训练出独特的销售解决方案。我们将业绩目标和产品营销信息转化为短视频、朋友圈内容和富有洞察力的文章。同时，我们结合地理标签和智能推送技术，确保这些内容能自由进出那些"管理严格的区域"。

就这样，"肉身"虽然被拒之门外，但富有洞察的内容如同精灵般自由来去，完成着开发客户、销售推广、订单处理和客户关系维护的重要使命。这正体现了内容在数字时代的重要力量。你是不是应该立马行动呢？

当然，你也可以通过线上线下协同的方式传递合适的内容来激发客户购买欲望。一起来看一位新销售人员如何在绝境中通过内容挖掘潜在客户。她的客户刚刚建成一座现代化的办公大楼，并且已经选择了他们的竞争对手作为办公设备的供应商。表面看起来，这位销售人员所在的公司已无望成为该客户的供应商。然而，这位销售人员并未放弃。她认为，在客户未与竞争对手签约前，他们公司仍有一线希望。前期经过数字化手段进行不懈沟通，她终于争取到了一次与客户相关主管见面的机会。

他们自己公司的产品有一个突出的优势——打造共享式办公空间，提升员工互动合作的效率。在仔细审视了客户的建筑设计后，这位销售人员自信地说："研究数据表明，两三个人的小组效率最高，一旦人数达到 8 人，效率就会大幅降低。所以，我认为你的会议室大小可能设计错了。"

客户的相关人员回应道："你说得很有道理，也确实重要，可是会议室已经建成，我们现在还能做什么呢？"凭借对产品的深刻理解，这位销售人员开始为客户解答。她建议在会议室中间安装可移动隔墙板，将一间大会议室分成两间小会议室，每间可容纳 3～4 人，正好符合最佳合作人数的要求。

最后，她才介绍如何通过自己公司的产品完美实现这一设想。这位销售人员从利他的角度出发，揭示了客户未曾意识到的问题，用内容与话题来激发了客户的兴趣，并有效控制了整个销售进程，逐步扭转了局势。

4.3.2 AI 让激发销售的内容生产更容易

AI 时代已经来临，每一位出色的销售人员都需时刻思考如何通过内容与客户建立联系，推动合作。这种内容必须私人性、个性化、贴合场景，同时又富有说服力。

过去，我曾在咨询项目中见过企业试图为所有销售人员提供统一的内容素材，要求他们照本宣科地传播，这无疑是一种愚蠢的做法。每个销售人员都肩负着不同的职责和挑战，他们需要自己成为内容的主人，根据特定销售阶段和目标，将商业信息灵活翻译改写为具有沟通力和销售力的个性化内容。

我承认，在没有先进的 AI 和 AIGC 技术的支持下，很难辅导销售人员掌握这种改写和创作内容的能力。但是，如今一切都不同了。只要你敢于尝试和努力，定能成为数字时代的内容销售人，用充满洞察的内容点亮每一段销售之旅。

4.4 销售话术三大角度：将线下话术转化为在线内容

在这个内容为王的时代，传统的硬推式营销已经无法满足消费者对个性化、情感化体验的渴望。聪明的销售人员必须转变思路，学会将企业的产品素材巧妙地转化为富有洞察力和感染力的内容，这样才能真正打动他们的心。**转变的方法就是将你日常线下销售的话术换成数字化方式呈现与表达。本质不变，只是形式上有改变。**

销售话术有三大角度——质量展示、竞争对比、情感共鸣，与之对应，在数字化销售的世界中，有销售力的内容有三个方向：展示产品或服务的质量、卖点和特性，展示产品与竞品的对比优势以及激发情感与价值的共鸣。

4.4.1 展示产品或服务的质量、卖点和特性

在数字化销售的领域中，成功的销售人员懂得如何让产品或服务的质量、卖点和特性跃然纸上。他们的策略不是展示一个物品，而是通过内容来沟通。这种叙事手法使得产品不仅被看见，还被体验、被记住。

以 Blendtec 为例，这家公司利用创意短视频演示其搅拌机的强大功能。如何轻松地搅拌 iPhone 等硬物，这种极端示范法不仅证明了产品的超强性能和耐用性，还通过这种极具视觉冲击力的展示方式，有效地在观众心中种下了"无坚不摧"的产品形象。这种直观且震撼的展示方式，不仅作用于观众的感官体验，还深入人心，使得产品的核心价值和市场地位一目了然。

在更广泛的商业环境中，销售人员还可以通过展示产品的市场表现来进一步强调其价值。例如，一款畅销的产品，销量本身就是对其优越性能和受欢迎程度的有力证明。销售人员可以引用市场数据、顾客评价和销售排行榜证明这一点。这些数据不仅显示了产品的受欢迎程度，还间接反映了消费者对产品质量的认可和信任。

此外，对于那些追求高端市场的产品，销售人员还可以强调产品的独家特性和定制服务，如使用稀有材料或提供个性化选项。这些细节上的精致和专属感，往往能够有效地吸引那些寻求独一无二产品的消费者。

数字化销售需要通过各种手段——无论是震撼的视觉展示、丰富的数据支持还是独特的定制服务，来传达产品的核心价值点。优秀的销售人员能够利用这些工具，让产品在竞争激烈的市场中脱颖而出，在消费者心中留下深刻而持久的印象。

4.4.2 展示产品与竞品的对比优势

在竞争激烈的市场中,每个销售人员面临的主要挑战是如何确保自己的产品在众多竞品中脱颖而出。这不仅是一场产品的竞争,更是策略和智慧的比拼。优秀的销售人员必须具备敏锐的市场洞察力,能够精准地识别竞争对手的弱点,并将这些弱点转化为自家产品的竞争优势。这种策略的核心在于巧妙地将竞品的不足与自家产品的独特卖点进行对比,从而在消费者心中树立一个清晰而有力的产品优势形象。

以直播带货为例,不仅要求销售人员具备传统的推销技巧,还需要他们在现场互动中迅速捕捉和应对观众的反应。在这种情境下,如何展示产品的优势尤为关键。例如,在健身爱好者中销售牛排时,销售人员可能会引导话题:"在健身期间,应该选择什么样的牛排呢?"这个问题不仅引起了目标客户的注意,还为引入产品特性提供了自然的过渡。

接下来,销售人员会指出竞品的不足——这些高端产品虽然美味,但脂肪含量高,不符合健身期间对食品的低脂肪摄入要求。相比之下,销售人员会强调自家草饲牛排的优势:低脂肪和高肌红蛋白含量,这不仅符合健身者的饮食要求,还有助于肌肉恢复和增长。通过这样的对比,不仅展示了产品的特性,更重要的是与客户的实际需求进行了有效的连接,提升了产品的吸引力,激发了客户的购买动机。

此外,销售人员在展示产品优势时还会运用各种销售技巧,如使用数据支持产品的营养优势,引用专业健身教练的推荐,甚至展示客户的使用反馈和成功案例,进一步增强产品的信誉和吸引力。这些细节的补充不仅让客户感受到产品的专业性和实用性,还使得销售过程更具说服力和感染力。

总之，通过精准的市场定位、对竞品的深入了解以及有效的产品展示策略，销售人员可以显著提升自家产品的市场竞争力。在这个过程中，不仅是产品的质量和特性被推向前台，销售人员的专业能力和策略运用还是成功不可或缺的关键因素。这种综合地将产品与竞争对手不同差异化点翻译转化为内容的能力，是在激烈竞争中脱颖而出的重要保证。

4.4.3 激发情感与价值的共鸣

销售的最高境界是触及客户的心灵，与他们的情感和价值观产生共鸣。这种策略远不止简单地销售产品，更是在销售一种生活方式、一种理念。例如，通过短视频讲述一个家庭装草饲牛的故事，强调其多样化的选择（西冷、肉眼、菲力）能满足一家人或个人多变的口味需求，营造出一种每天都能享受新鲜口味的幸福体验。此外，强调其性价比高于常规的蛋白粉，不仅提供了物质上的满足，更是精神上的一种享受。通过这种方式，销售人员将产品的物理属性转化为情感价值，使得产品与消费者的情感需求产生深度连接。

以护肤品的销售为例，当前社会越来越多的人开始倾向于天然和健康的生活方式。在这样的文化背景下，销售人员可以巧妙地将产品与"自然"和"健康"这两大现代理念联系起来。例如，可以在小红书等消费购买决策类平台上表述："在这个充满喧嚣与快节奏的现代生活中，我们是否开始怀念那田园的宁静和纯朴？是否开始反思长期使用合成化学品对肌肤的潜在伤害？我们的护肤品，采用来自大自然的精华，无添加任何合成化学成分，让您的肌肤回归自然的护理，享受健康每一天。"这种方式不仅呼应了消费者对健康和天然的追求，还潜移默化地引导他们做出更健康的消费选择。

类似地，在推广户外装备时，可以利用现代人对自由、探险和逃离都市生活的向往。数字内容传播中可以包含这样的叙述："你是否厌倦了钢筋水泥构筑的囚笼？是否梦想在广阔的泥土和云海之间自由徜徉？携带我们的户外装备，一同踏上探险之旅，探索未知的自然奥秘，释放你的心灵，体验真正的自由。"这样的销售内容不仅唤起了消费者对自然探险的热情，还强化了产品使消费者能够实现这些愿望的工具性价值。

这些情感化的内容可以深入挖掘并触动消费者的内心世界，赋予产品超越物理属性的意义。正是这些情感与价值观的深度连接，赋予了销售内容独特的吸引力，使得消费者不仅是在购买一个商品，更是在为一种理念、一种生活方式买单。**线下人们不适应抒情表达，而数字空间给了销售人员传递情感化内容的机会。**在数字时代，销售人员必须精通如何恰到好处地将这种情感和价值观注入字里行间，通过文字和图像的深刻表达，来吸引和影响潜在的消费者。这种技巧的精湛运用，是现代销售人员成功的关键。

通过上述三个角度的深入探讨不难发现，数字化销售不再是简单的商品交易，而是一场关于理解、情感和价值观的深入对话。这种转变不仅提升了产品的市场竞争力，还极大地丰富了销售的艺术。

4.5 数字化销售的技艺：文字、图片、音频、视频的完美结合

销售在选择好内容角度（展示产品或服务的质量、卖点和特性，展示产品与竞品的对比优势以及激发情感与价值的共鸣）后，马上就会面对内容载体的问题。

数字时代内容载体有文字（文章、私信、社交媒体评论等）、图片（信息图、海报、产品图片等）、音频（电话、语音留言、播客等）、视频（短视频、直播、网络研讨会等）等。

特征	文字	图片	音频	视频
主要形式	文章、私信、社交媒体评论	信息图、海报、产品图片	电话、语音留言、播客	短视频、直播、网络研讨会
核心优势	1. 详细解释和说服 2. 灵活性高 3. 易于个性化	1. 直观呈现 2. 视觉冲击力强 3. 信息传递快速	1. 情感传递强 2. 个人化沟通 3. 便于多任务处理	1. 全方位感官体验 2. 高互动性 3. 病毒式传播潜力
主要应用场景	1. 社交媒体 2. 个性化私信 3. 产品详情页	1. 社交媒体 2. 产品展示 3. 数据可视化	1. 客户服务 2. 销售跟进 3. 品牌故事讲述	1. 产品发布会 2. 直播带货 3. 教育培训
在销售过程中的作用	1. 提供详细信息 2. 个性化沟通 3. 建立专业形象	1. 吸引注意力 2. 简化复杂信息 3. 增强品牌识别	1. 建立信任关系 2. 解决客户疑虑 3. 提供即时反馈	1. 全面展示产品 2. 创造沉浸式体验 3. 实现高效互动
内容创作重点	1. 引人入胜的开场 2. 清晰的结构 3. 有说服力的论述	1. 吸引眼球的设计 2. 简洁的清晰传达 3. 与品牌一致的视觉风格	1. 亲和力强的语音 2. 清晰的表达 3. 情感共鸣的建立	1. 高质量的视听效果 2. 吸引人的故事情节 3. 互动元素的设计
与AI结合的潜力	1. 自动生成个性化文案 2. 智能语义分析 3. 实时内容优化	1. AI图像生成 2. 智能图像识别和标签 3. 个性化视觉内容推荐	1. 语音识别和转写 2. 情感分析 3. 智能语音助手	1. 自动剪辑和制作 2. 实时翻译和字幕 3. 个性化视频推荐
主要挑战	1. 信息过载 2. 吸引力持续性 3. 跨平台一致性	1. 制作成本 2. 美学与销售力 3. 版权问题	1. 环境干扰 2. 时间限制 3. 信息保留度	1. 制作复杂度 2. 话题选择 3. 内容更新频率要求高
效果评估指标	1. 阅读量和停留时间 2. 点击率和转化率 3. 评论和分享数	1. 浏览量和点击率 2. 分享和保存次数 3. 品牌关联度	1. 通话时长 2. 回拨率 3. 客户满意度	1. 观看时长和完播率 2. 互动率（点赞、评论、分享） 3. 转化率

4.5.1 文字魔法：用文本优雅地撬开客户的钱包

在销售人员日常工作的工具上，文字是最基础也是最有力量的一种载体形式。擅于以文字为媒介推动销售的高手，往往能在销售的关键时刻抓住客户的眼球和心智。

1. 趁热打铁，抓住购物的瞬间

可以说，在销售的每一个环节，文字都扮演着重要的角色。从吸引注意力的开场，到讲解产品细节，再到最后的理性和情感指引，处处都离不开文字的身影。

想象你在社交媒体上浏览时，突然被一则轻松诙谐的小故事吸引，这个开场相当自然，它并没有直白地推销任何商品，而是先牢牢抓住了你的眼球。读着读着，你发现它开始含蓄地提及一款新品，给出它的优点和创新之处。

就在你被完全勾起购买欲望的瞬间，文章开始讨论这款新品能给你带来多大的体验惊喜，如何与你的生活方式贴合，如何体现你对自然、健康的追求等。最后一个精心设计的链接，让你与销售人员近在咫尺，轻点一下就能连接到销售人员。

这样环环相扣、层层推进的文本往往让客户无法招架，顺利实现销售。因为它无懈可击：开局吸睛，中间讲解翔实，结尾动之以情、晓之以理，完全满足了人们的需求。

2. 微信私信，个性化文本带货新高度

单单抓住公众视野还不够，真正高明的销售人员，更应掌握将营销信息私密地传递给每个目标客户的本领。而在这方面，个性化的微信私信无疑扮演着关键角色。

每一条私信，都可以结合客户的个人信息和购买记录，量身定制，形成最贴心的销售话术。客户有什么需求，曾经搜过什么，不同阶段可能会有什么顾虑，都可以一并反映在内容里。

这种类似私人助理式的营销方式无疑会给客户以无与伦比的亲和力和信任感，仿佛整个过程都是在体贴入微地为他们服务，而非单纯地销售。

更为高明的私信营销手法是将定制内容融入日常闲聊互动中。比如，聊起最近读的一本书，你可能会和谐融入销售内容："你也读过这本书啊，那可真是相见恨晚！对了，我这里刚好有一款与书中主人公很般配的……"通过巧妙的过渡和穿插，让销售变得浑然天成，不知不觉就把销售信息递到了客户眼前。这种平和的"隐藏销售"文本，往往事半功倍。

3. 社交平台上的文字，人潮汹涌的洞察力赛场

我常说，统一模板永远比不上贴心定制的内容。当你的文字营销内容能让单个客户感受到独一无二的用心良苦时，收获的销售成果必将不同凡响。如果再加上社交平台的强大力量，你将有机会让富有洞察力的售卖信息形成前所未有的影响力。

客户最关心的、原本最私密的生活角落，无不是社交平台上的一个个话题。你可以在这里讲解你的产品如何给某个群体带来前所未有的获得感、幸福感、成就感；你可以反复提纲挈领、循循善诱，让你的内容重点深入人心。更重要的是，在这些话题圈内，你的精彩篇章会获得裂变和传播，口耳相传、借力使力，只要内容足够出众，一篇文章便可能成为目标客户群体中火爆的"段子"。

就拿旅游行业种草销售来说：你向往远方，是否因为徘徊于同一片空间太久而窒闷？是否因为生活无趣而食之无味？是否梦想大展宏图，却久久搁浅？对于每一个这样的火热议题，销售高手都可以游刃有余地进行介入，将自家的旅游路线与网友们的情怀有机融合，慢慢勾勒出一幅美好的画面。

只要文字足够动人，接踵而来的就不仅是几张票的售卖，更可能是整个社群的狂热追捧。因为你的内容已经让大家感同身受，他们

视你为知心友伴，而你的内容成为你的生活体验和态度。人们愿意买单，不只是为了产品本身，更是为了内化你口中的远方与自由。

正是源于这种情怀营销和价值观洞察的力量，社交平台上的文字销售法终将引起不期而遇的超级传播，让你的销售业绩遥遥领先。

4.5.2 图片的力量：如何用图像撼动销售

如果说文字是内容销售的基石，那么图像则是撼动人心的有力武器。

1. 视觉冲击，直击顾客心智

一张出色的信息图或海报，往往能让复杂的销售理念和产品卖点化作直观生动的视觉冲击力，瞬间抓住顾客的眼球和注意力。

当文字和图片的力量融合，内容就会产生难以想象的叠加效应。它们相得益彰、相映生辉，让营销信息的渗透力、感染力和说服力都倍增。这就是为什么优秀的销售内容创作者们都酷爱将文字和图像完美融合，打造视觉化和情节化并重的营销作品。

比如，在推广一款智能音箱产品时，你可以先以一段诙谐幽默的小品文开场，生动地塑造出"为智能家居而生"的产品定位，描绘出这款产品带给家庭生活的种种便捷和乐趣。而后你可以呈现一张标志性的信息图，将音箱的多项黑科技功能一目了然地展示出来，并拟人化地用卡通形象予以形象化解说。在视觉冲击和文字描述的双重作用下，客户很快就能被你吸引，进而对这款新奇的智能产品产生极大兴趣。

2. 海报促销，视觉艺术的升华

营销海报则是将视觉艺术融入营销的终极方式。一张精心设计的促销海报，不仅能起到直观传递产品信息的作用，更能将商品本身的独特理念、文化内涵和精神高度浓缩其中，让营销过程变成一种艺术体验。

大家可以想象：一张推广某款运动鞋的海报巧妙地将运动员洒汗奔跑的剪影与经典环状鞋痕融为一体。整个画面极具动感，几何线条和人物形体散发出力量与活力。再想象这幅视觉佳作配以一段荷尔蒙满溢的铿锵文字："只有拥抱大自然的能量，方能实现自我的超越。从此刻开始，让这双征服山川的勇士鞋陪伴着你，去往万里山河，去书写你的传奇。"如此气势磅礴的视觉和语言，必将牢牢抓住热爱运动、追求挑战的观者。他们不仅被创意设计折服，更被你赋予产品的独特精神震撼。于是，一种强烈的购买欲望与认同感在内心渐渐升腾——他们渴望拥有这款鞋，不仅因为它的出色质量，更因为它体现了人生最高的追求：自我超越和征服自然！

正是抓住了这种思想和精神层面的共鸣，视觉内容手段才能发出最大的震撼力，从而激发客户的共情和购买冲动。而内容销售高手，正是掌握了这种艺术化思维，方能视觉设计和文案创作双管齐下，打造出具有炸裂力的营销作品。

3. 信息示意，数据的视觉化诠释

当然，图像营销的魅力绝不止于此。它还可以将枯燥无味的数据和事实转化为生动形象的信息图示，让原本晦涩难懂的内容变得通俗易懂、引人入胜。

比如，在推广一款新型尿布时，你可以制作一张卡通风格的对比信息图，让传统尿布和新品的各项性能数据化身为两个孩童形象，进行诙谐比拼。这种视觉化的呈现方式，必将吸引广大父母的目光，更好地让他们了解新品的优异表现。

再如，如果要为某个互联网产品进行推广，可制作一张彩色渐变的信息流程图，生动展示其用户增长态势、行业占有率等数据，必将让投资人和潜在客户对其未来发展有更直观的想象和判断。

由此可见，无论是呈现产品亮点，还是解释复杂的商业内涵，

图像销售都大有可为。富有创意的视觉语言往往比枯燥的文字更容易抓住人的眼球，吸引人的兴趣，进而产生强大的内容销售吸引力。

4.5.3 温暖与专业：用好音频销售这件秘密武器

在这个视觉化的时代，图文并非内容销售的唯一选择。与之相比，音频虽然看似朴素无华，却蕴含着难以想象的"魔力"。

1. 声音的力量，百转千回穿心理

一个出色的音频销售作品，往往能让声音的力量百转千回、穿心直入，给予客户全新的感官体验。

可以说，善于运用声音进行内容销售的高手，就如同一位高超的音乐家，时而借助语调的高低起伏渲染气氛，时而通过音色的温暖抚慰人心，时而利用声线的磁性张力牢牢抓住注意力并谱出一曲动人心弦的商业交响乐。

你接到一个突如其来的来电，对方是一位自称专业家政服务机构的女士。她亲切的嗓音让你安心不少，更重要的是，她直截了当地提出了你长期忧心的一个难题——如何在工作之余更好地照料家中的老人和孩子？

接下来，这位女士开始对她所在公司的独特理念和服务优势娓娓道来：阳光、健康、快乐是她们对待每位雇主家庭成员的态度。同时，她用诚恳动听的嗓音逐一列举了照顾老人和孩子时的诸多贴心之处，全程透着职业素养和亲和力。

整个沟通过程行云流水，让你在听到最后一个"怎么样，感兴趣加入我们这个大家庭吗？"的时候，几乎没有抗拒，甚至有些迫不及待地点头答应了。

这就是音频销售的独特魅力。通过声线的亲和力和打动人心的说服技巧，它能让冷冰冰的商业内容变得温情脉脉。更难能可贵的是，语音营销避免了一切视觉上的拘束和生硬，让营销内容变得更加自然流畅、接地气儿。

2. 高危时刻，音频力挽狂澜

音频销售的独到之处还在于它能在最关键的销售环节发挥不可替代的作用，重新夺回销售主动权。

在销售的最后关头，客户往往会因为某些疑虑和担心而犹豫不决。也许是对价格的担忧，也许是对使用体验的质疑，抑或是对售后服务的不放心，总之这些都会对成交造成致命的阻碍。而这时，一通电话和耐心周到的语音交流，往往就能挽回销售的大局。

想象一下，你在网上采购高客单价产品、工业产品时，反复将商品加入了购物车、询问产品细节，却迟迟没有下单。也许是因为看了某些相关的吐槽评论，不放心商品的实际质量，又或者害怕物流和退货流程复杂，怕售后无保障。就在你进退两难之际，你突然接到电话，对方殷勤有礼，字字诚挚。他首先感谢你对商品的青睐，并反复肯定了商品本身的卓越品质，让你对产品本身的信心更加坚定。接着，他透彻地剖析了你可能存有的顾虑，例如物流时效和售后无门等，并一一给予真挚的解答和保证。此时你听到的不是一个简单的承诺，而是真诚、恳切、体贴入微的语音疏导，让你对这家公司的信任倍增。就在你化解了最后一点芥蒂时，对方恰到好处地推出了全新的优惠政策或者专属礼遇……就这样，你轻轻一点，便完成了最终的购买行为。一场生动的语音沟通，彻底消除了你的疑虑。

语音销售之所以有如此大的魔力，正是因为它打破了空间和视觉的限制，让销售内容变为最贴心的交流体验。通过声音的温暖、专业和亲和，赢得客户的信任，消除了他们的疑虑，最终促使交易顺利进行。

4.5.4 视频内容的力量：将产品故事讲到顾客的心坎里

如果说文字是内容销售的基础，图像是锦上添花，音频是具有别样魔力的内容，那么视频营销就是内容销售的终极呈现。它将文字、图像、声音等元素集为一体，为客户创造出全方位的沉浸式体验，让营销过程不再是简单的信息输出，而是一场身临其境的盛宴。

1. 视频直播，沉浸体验的营销

越来越多的销售高手们渐渐将目光投向了直播、短视频、网络研讨会等视频形式。因为只有视频，才能真正展现产品的魅力，讲述品牌的独特理念，更好地与客户进行双向互动。

想象一下，你在一场精心策划的产品线上发布会上，通过大屏幕看到产品经理们生动讲解新品的过程。他们不仅贴心地向你展示了最新款的产品外观设计，更请现场体验师上下翻转，将产品的每一个细节、每一个功能性优势展现在你的眼前。

与此同时，你也可以实时地向他们提出自己的疑问或建议。你想知道新品与旧品相比有哪些改进，只需在弹幕中提出问题，便可得到及时解答。你对某个功能存在疑虑，产品经理会亲自结合使用场景为你耐心解惑。

更重要的是，在整个展示和互动的过程中，除了文字和声音的解说之外，你还能亲眼看见产品的科技魅力和精湛工艺，让虚拟信息变为生动直观的视觉盛宴。这种身临其境的感官体验，比任何其他单一销售形式都要直接和震撼。

2. 短视频，让流量与口碑双剑合璧

当然，除了直播之外，短视频营销同样是视频内容的一剂猛药，其影响力之大，早已不可小觑。短小精悍的短视频作品，不仅能轻易吸引人们的注意力，更能借助社交媒体的强大传播力，让产品内容信息迅速在网络世界传播。

以抖音和快手为代表的短视频平台,源源不断地将无数充满创意的视频内容推送给用户。而一旦你的短视频切中了用户的兴趣点,便会立刻引发裂变式传播。届时整个网络世界都将沉浸在你营造的独特氛围和理念之中,为你的产品或品牌贡献无数曝光度和影响力。

不难看出,与其他销售手段相比,短视频最大的魅力在于它巨大的影响力和感染力。只要内容出色,就能迅速在网络中引起轰动。而想要取得这样的成就,创作者必须掌握让视频富有趣味性、艺术性和概念性的方法。

4.6　销售人员内容销售实践:新销售过程

不论你售卖什么产品与服务,销售人员日常的主要工作都可以简单分为5种:客户开发,需求挖掘与评估,销售展示和沟通,成交和谈判,客户关系建立和经营。

销售过程	关键动作
客户开发	• 识别潜在客户 • 研究目标市场 • 开拓与吸引新客户
需求挖掘与评估	• 了解客户的需求、挑战和目标 • 通过有效提问和积极倾听收集信息 • 确定产品或服务的痛点和机会
销售展示和沟通	• 有效地传达产品的价值主张 • 定制沟通内容以满足客户的特定需求 • 产品演示/解决方案展示
成交和谈判	• 处理客户反对意见和担忧 • 协商条款达成互利协议 • 获得客户承诺,完成销售
客户关系建立和经营	• 维系良好客户关系 • 挖掘追加销售/交叉销售机会 • 确保客户满意,建立长期忠诚度

4.6.1 销售人员日常工作概述

客户开发是销售的基石，没有潜在客户就没有生意。因此，我们需要通过各种渠道去识别真正对我们的产品或服务有需求的那部分人。不仅如此，我们还要深入研究和了解他们的特点、喜好，甚至生活方式，只有这样才能对症下药，提出有吸引力的方案。可以说，这就像是捕鱼的第一步——撒网。

不过，仅识别出潜在客户还远远不够。我们必须进一步了解他们的真实需求，找准痛点。你应该经常会遇到这种情况：一个销售人员对你大吹特吹，好像他手里的东西就是能医百病的灵丹妙药。但实际上，你自己的痛点和他强调的优势毫无关系。反过来，如果销售人员能先耐心倾听，深入挖掘你的真实需求，并且对症下药提出解决方案，成交率自然就会大大提高。这就是销售中的需求挖掘与评估。

掌握了客户需求，接下来就是展示你的产品或服务如何能满足这些需求。对于销售人员来说，这无疑是关键时刻。我们要生动地演绎出产品的价值主张，同时，不能生硬地复制官方宣传资料，而是根据每个客户的具体情况，为其量身定制内容并展示，这样才能真正击中其要害。有的客户更注重性价比，有的则追求高端体验，有的则看重智能性与前瞻性，我们要做到与客户需求的无缝对接。这就是销售展示和沟通环节的主要工作。

可是有时即使做到了以上三步，依然会遇到客户存在各种各样的疑虑。你要耐心分析问题的根源所在，给出有理有据的解答和回应。比如，如果客户质疑你的产品质量，那可拿出第三方权威检测报告作为佐证。如果他觉得价格太高，不妨列举出与竞品的优势对比情况，或者先承认某些缺陷和不足，再说明这些问题正在改进中。总之，要通过互利共赢的谈判方式，化解客户的疑虑，达成双赢局面。这就是销售中"成交和谈判"的主要工作。

我们都知道赢得一个新客户的成本远高于留住一个老客户的成本。因此,对于已购买我们产品或服务的客户,我们需要持之以恒地维护良好关系,培养客户忠诚度。我们可以定期发送有价值的资讯或优惠信息,了解他们的使用体验并及时解决问题,挖掘客户新的需求并抓住追加销售的机会。

在数字空间中,销售人员日常的主要工作和任务则需要通过创建与传递内容开展。以下就是通过内容销售法来实现销售行为和目标的建议。

内容销售法可实现的销售行为和目标的建议

销售阶段	内容销售法
客户开发	• 创建有价值且信息丰富的内容(专栏文章、白皮书、视频),解决目标受众的痛点和兴趣 • 针对搜索引擎优化内容以提高知名度并吸引潜在客户 • 利用社交媒体平台分享内容并与目标受众互动 • 使用电子邮件培养潜在客户并保持他们的参与度
需求挖掘与评估	• 开发交互式内容(测验、评估、计算器等),帮助确定受众的特定需求 • 通过评论、调查和反馈表鼓励观众参与,以收集见解并了解他们的独特需求 • 分析客户行为和参与度指标以发现其痛点和感兴趣的领域
销售展示和沟通	• 创建产品演示视频、教学视频和其他多媒体内容,展示产品的功能和优势 • 分享、总结产品关键点和价值主张,并做成可供下载的幻灯片集 • 制定研究案例和成功案例,说明解决方案如何帮助客户克服类似的挑战 • 使用互动内容(如测试或游戏化参与)来吸引潜在客户 • 利用网络研讨会和直播平台进行产品互动演示和问答
成交和谈判	• 提供可下载的提案模板,以简化谈判过程 • 创建解决常见反对意见和详细回答常见问题的内容 • 提供清晰的定价信息、产品比较信息和价值主张声明来证明购买的合理性 • 分享客户成功故事和推荐信以建立信任和信誉

（续）

销售阶段	内容销售法
客户关系建立和经营	• 细分客户群体以提供有针对性的内容和优惠信息 • 制定以保留客户和提升客户忠诚度为重点的内容策略 • 根据客户偏好和行为发送定期的个性化内容 • 基于数据形成个性化营销信息和优惠内容 • 开发并推广奖励机制提升客户忠诚度 • 使用数字表单收集客户反馈并改进产品

4.6.2 客户开发

我常常被问及："缺乏新客户，而且我的销售线索池已经干涸，该如何重新获取潜在客户？"这是一个好问题，因为没有新的销售线索源源不断输入，销售肯定会停滞不前。但同时，这也揭示了一个更根本的问题：数字时代，我们究竟要做什么来持续主动吸引潜在买家？

过去，销售人员主要依赖陌生拜访、传统电话和线下推广活动来接触目标用户。但在当今这个数字时代，游戏规则发生了翻天覆地的变化。如今，消费者掌握着前所未有的权力和选择权。他们不再被动接受你上门推荐，反而在网上主动搜索信息并比较各种选择。那么，如何通过内容开发客户，尤其是当你目前严重缺乏线索时？

缺少客户，就做内容！

用内容开发客户的核心在于创造能够真正解决目标受众痛点和引发其兴趣的内容。 内容形式可以是专栏文章、白皮书、电子书甚至短视频。比如，如果你的目标客户是一群中小企业主，他们可能面临着市场竞争激烈、资源有限的挑战，那么你可以写一篇关于如何在预算有限的情况下提高营销效果的专栏文章。这种内容不仅展示了你的专业知识，还直接触动了客户的痛点，让他们感受到你的价值。

视频拥有极高的吸引力和互动性，可以考虑在抖音、视频号、YouTube、快手等热门平台发布。而对于长篇内容，比如电子书、白皮书等，则可以在个人网站上设立内容库，方便用户下载。例如，你可以在知乎上发布关于最新行业趋势的专栏文章，并邀请你的粉丝分享他们的看法。这样一来，不仅提高了内容的曝光度，还促进了互动和交流，增加了客户的信任感。对于企业来说，可以通过发布类似白皮书传递产品信息，推动销售达成。销售人员可以通过解读白皮书，或者发表自己对行业深刻洞见的内容来获取销售线索。你可以到相关企业网站检索获取相关白皮书等优质内容。

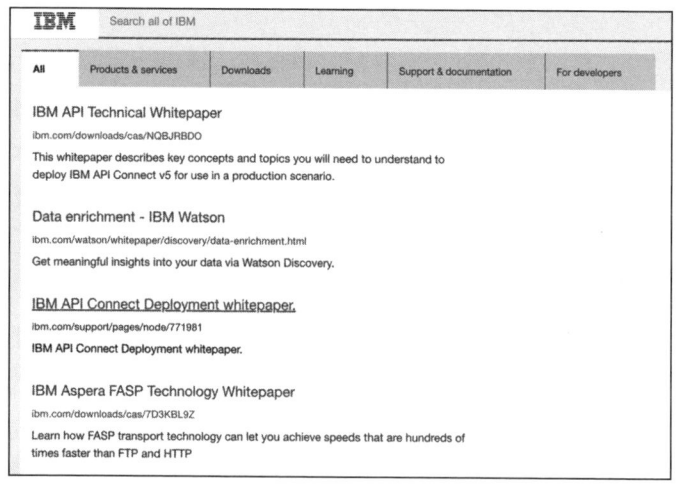

IBM 官网部分行业白皮书内容

为了让更多的人看到你的内容，你需要进行搜索引擎优化（SEO）。你需要特别关注百度、抖音、小红书、知乎、淘宝等平台上的搜索引擎优化。

通过优化内容中的关键词、标题和描述，可以大幅提高你的内容在搜索引擎中的排名。这意味着，当潜在客户搜索他们的问题时，你的内容会出现在他们的眼前。这种主动的曝光不仅能吸引那些积极寻找解决方案的客户，还能树立你的专业形象。

电子邮件依然是培养潜在客户（尤其是海外客户）并保持他们

参与度的强大工具。通过定期发送有价值的内容,你可以逐步建立与客户的关系。比如,你可以创建一个邮件系列,每周分享一个实用的技巧或行业洞见。这种持续的互动不仅能保持客户的兴趣,还能逐步建立起他们对你的信任。

无论通过什么渠道分发,都要坚持定期发布新内容来保持曝光度。一鳞半爪绝对不够,持续高产出才是王道。同时,也要追踪分析内容表现,了解哪些主题最受欢迎,哪些形式最具吸引力,从而准确把握重点。

如果技术条件允许,可以利用销售自动化和线索追踪系统,对展现出兴趣的访客进行系统化跟进和分类。也就是说,一旦有人下载了你的内容,就要继续以电子邮件、网络研讨会等形式与他们互动,给他们更有价值的信息,循序渐进地将他们引入你的销售漏斗。比如,一个客户曾经下载过你的电子书,但没有进一步联系你,你可以向他投放特别的优惠广告,激励他采取下一步行动。

这是一个持续的过程,需要你不懈地创造一份份内容并分发,才能真正建立起生生不息的销售线索来源。相信我,坚持做下去,总有一天你会发现,线索就会源源不断地涌向你。到那个时候,你将比大多数同行占据更有利和更高的位置。

通过内容开发客户到底是不是值得这样大费周章?答案是毋庸置疑的。在当下这个信息裸奔的时代,垄断知识和专业见解是比任何时候都更加宝贵的竞争优势。而内容就是你吸引潜在买家并赢得他们信赖的不二法门。只要坚持下去,线索和商机就能源源不断地朝你而来。

4.6.3 需求挖掘与评估

在数字时代,销售不再仅是推销产品,而是深入了解客户的需求,从而提供最适合他们的解决方案。我想告诉你,通过内容你可以在销售过程中精准地挖掘和评估客户需求，让你的销售策略更加精准和高效。

首先，我们可以通过开发交互式内容来帮助客户更好地了解他们自己的需求和挑战。这些内容可以是测验、评估工具或者计算器。想象一下，你是一名销售人员，为一个小企业主设计了一款市场营销效果评估工具。这个工具不仅可帮助其了解当前的市场营销效果，还能让其看到潜在的改进空间。这不仅为客户提供了实用的帮助，还为你了解客户的具体需求提供了宝贵的数据。

其次，鼓励客户通过评论、调查和反馈表参与互动是收集见解和了解他们独特需求的另一种有效方法。举个例子，当你发布一篇关于行业趋势的专栏文章时，在文章末尾附上一个简短的调查，询问读者在行业发展中遇到的最大挑战是什么。这不仅能增加读者的参与度，还能为你提供直接的客户反馈，帮助你更好地了解他们的需求。

此外，分析客户行为和参与度指标也是发现客户痛点和兴趣的重要手段。通过观察客户在线行为，如他们访问了哪些页面、停留了多长时间、下载了哪些资源，你可以洞察他们的兴趣点和需求。比如，一个客户多次访问你的产品比较页面，却没有下单，这可能意味着他们在某些方面存在疑虑。通过分析这些数据，你可以有针对性地提供更多信息或优惠信息，打消他们的顾虑。

最后，通过这些方法，你不仅能精准挖掘客户需求，还能在评估过程中提供有价值的解决方案，让客户感受到你的专业和关怀。在数字时代，销售不再是单向推销，而是双向互动和理解。每一次与客户的互动，都是一次了解他们需求的机会，也是一次建立信任的机会。

总的来说，数字销售通过交互式内容、反馈收集和数据分析，将需求挖掘和评估提升到了一个新的高度。这不仅使销售过程更加精准和高效，还让客户感受到了个性化的服务和专业的支持。在这样的互动中，销售人员不仅是产品的推销者，更是客户需求的解决者和伙伴。这样一来，你的销售策略不仅能够更好地满足客户需求，还能在竞争中脱颖而出。

实践案例：在医药产业的纷争中，需求挖掘与评估是制胜的关键。医药销售人员数量庞大，但真正能与医生面对面交流的却凤毛麟角。在这片竞争激烈的红海中，某家制药公司立志突破重围，成为医生心目中的首选药商。然而，医药业客户调查的数据无情地揭示出一个事实，那就是在医生眼中，各家药商几乎毫无差别。

为了解决这一困境，这家公司决定另辟蹊径，转变数字时代销售策略。公司意识到，仅推销自家产品已经不能打动医生，必须为医生提供真正有价值的信息——如何提高对病人的治疗效果。凭借在病人治疗方面的丰富经验，公司精心准备了一系列涵盖病人看病全过程的材料，作为销售人员的核心介绍内容。这些材料详尽地描述了从症状初现到治疗，再到后续复查的每一个环节。

为了让销售人员能够随时掌握这些宝贵信息，公司通过数字化手段打造了一个知识库。销售人员不仅可以随时学习这些材料，还能通过平时与医生互动沟通、微信交流等线下线上方式与医生分享相关资料，从而激发医生对合理使用相关药品的兴趣。

这些信息中有不少是医生迫切需要但又难以获得的。例如，资料中提到，患有某种疾病的患者平均每年发病2.5次，每次发病都极为严重。而这些患者的私人医生往往不知道在两次定期检查之间病人仍可能发病，导致他们低估了病情，因此治疗措施也不到位。通过了解这些信息，医生可以加强对患者的治疗，显著降低发病率，从而大幅提高治疗效果。

医生们惊讶地发现，这家药商提供的信息极具价值，远超其他药商的推销内容。他们对这家制药公司刮目相看，自然而然地愿意更多地与其接触和合作。于是，这家公司不仅成功赢得了医生的青睐，还在激烈的市场竞争中稳稳占据了有利位置。

在这个数字化的时代，**真正的竞争力不在于低价，而在于提供无可替代的专业知识和洞见**。当销售人员能够为医生提供极具价值的信息，并将其与自身的产品和服务紧密结合时，他们便不再是单纯的销售人员，而是医生信赖的顾问和伙伴。通过这种方式建立的信任与忠诚，是任何竞争对手都难以动摇的。这就是新销售的艺术，更是企业立于不败之地的智慧。

4.6.4　销售展示和沟通

在数字时代，销售不仅要推销产品，还要通过精心设计的内容来展示和传递产品的功能与优势。在这个竞争激烈的市场中，内容是关键。让我们一起探索如何通过内容来提升产品/解决方案的展示与沟通效果，真正打动客户。

创建多媒体内容是展示产品功能和优势的利器。想象一下，你有一个新产品上市，你可以制作一段详细的产品演示视频，生动地展示产品的每一个功能和独特之处。视频不仅直观，还能迅速抓住客户的眼球。例如，如果你在销售一款新型软件，通过一个详细的视频教程，你可以演示它如何简化工作流程、提高效率。这种直观的展示方式，比起传统的文字介绍，更能让客户迅速理解并感受到产品的价值。

分享总结产品关键卖点和价值主张的 PPT 或者 PDF 格式白皮书，是一个非常实用的策略。客户常常需要将你的产品信息分享给团队其他成员进行决策，而一份简洁明了的幻灯片，正好可以帮助你迅速传达关键信息。你可以将产品的核心功能、优势以及与竞争产品的对比简明扼要地汇总在幻灯片中，让客户在几分钟内就能理解你的产品为何与众不同。例如下图是销售人员分享智慧城市解决方案，也是产品展示与沟通。内容有 185 273 次阅读，62 408 次下载，可见其影响力。

案例研究和成功案例是展示解决方案实际效果的强大工具。通过具体的实例，你可以展示你的解决方案如何帮助其他客户克服类似的挑战。例如，你可以讲述一个客户如何通过使用你的解决方案，显著提升了业务效率或降低了运营成本。这种真实的故事不仅增加了你的产品的可信度，还能让潜在客户看到你的产品在实际应用中的价值。

互动内容也是吸引潜在客户的有效方式。通过测试或游戏化的参与形式，你可以增加客户的参与度和互动性。例如，你可以创建一个产品与应用小测验，帮助客户了解他们在某一领域的需求或痛点，随后根据他们的回答，推荐合适的产品或解决方案。这不仅增加了客户的参与感，还能让他们在互动中更深入地了解你的产品。

行业网络研讨会和直播也是展示产品的理想途径。通过在线互动，你可以进行实时的产品演示和问答，与客户直接交流，解答他们的疑问。比如，你可以举办一个关于新产品功能的网络研讨会，邀请潜在客户参与，现场演示产品的使用方法，并回答他们的提问。这种实时互动不仅能增加客户的信任感，还能让他们更加直观地感受到产品的价值。

通过创建多媒体内容、分享关键幻灯片、制定案例研究、利用互动内容以及举办网络研讨会和直播，你可以在数字销售过程中更有效地展示和传递产品的功能与优势。这些策略不仅能加强客户的理解和信任，还能显著提高你的销售转化率。在这个数字化的时代，销售不再只是推销，而是通过精心设计的内容，与客户建立深度的连接和信任。

销售人员进行展示时，需要提出切实可行的解决方案。不要让客户只看到满目疮痍的现状，更要让他们着眼于美好的未来。你必须让客户意识到，为什么要选择与你合作。这就需要你突出自身的独特之处。不要止步于产品，而要以彻底解决客户的问题为己任，用智慧悟透客户的需求，以数字化创新主导解决之道，并勇于展现自身的独特之处。只有如此，你的销售展示和沟通才有效！

案例：B2B 智能库存管理系统销售展示和沟通

某公司是一家领先的智能库存管理系统供应商，致力于帮助中小型零售商优化库存管理，提高运营效率，降低成本。公司推出新一代智能库存管理系统，包含先进的 AI 算法和实时数据分析功能，能够自动调整库存水平，预测销售趋势，减少库存积压和缺货情况。

❑ 产品演示视频：制作了一段 5 分钟的产品演示视频，详细介绍了新系统的功能和优势。视频通过真实案例展示了系统如何使用 AI 算法进行库存预测，并结合实时数据调整库存水平。视频中展示了一家中型零售店在使用系统后，库存周转率提高了 30%，并且由于精确的销售预测，减少了 20% 的库存积压。

❑ 互动式网络研讨会：组织了一系列网络研讨会，邀请现有客户和潜在客户参与。研讨会包括了系统的实时演示环节、现场答疑，以及客户成功案例分享。通过互动平台，参与者可以即时提出问题，得到详细解答。
- 包含详细参数与案例的电子书和白皮书：制作电子书和白皮书，涵盖智能库存管理的最新趋势、技术应用和行业最佳实践。这些文档不仅介绍了产品功能，还通过图表和数据分析，展示了之前客户使用新系统后取得的显著成效，并提供了成功案例的详细分析。
- 客户见证和用户故事视频：除了产品演示视频，还制作了多部客户见证和用户故事视频。在这些视频中，客户分享了使用智能库存管理系统后的实际效果和体验。例如，一位零售店经理在视频中提到，系统帮助他们减少了25%的运营成本，并提高了客户满意度。

通过扎实内容的展示，公司成功地将产品的功能和优势生动地传达给了客户。产品演示视频和客户见证视频在社交媒体上的点击量迅速攀升，网络研讨会的参与人数超出预期，并且电子书和白皮书的下载量也大幅增加。最终，在新产品上市的第一个季度内，团队签约了50家新的零售客户，销售额增长了40%。

4.6.5　成交和谈判

在数字时代，销售人员要通过精心设计的内容来辅助成交和谈判。如何在销售过程中更有效辅助成交和谈判，最终赢得客户的信任和业务呢？

首先，我们来谈谈提案模板的重要性。提供可下载的提案模板，可以大大简化谈判过程。想象一下，你的客户正处于决策的关键阶段，此时你递交给他们一份结构清晰、内容详尽的提案模板。这份模板不仅包含了所有关键信息，还能让客户快速理解你的解决方案和价值主张。例如，模板中可以包含项目背景、解决方案概要、实施计划和预期成果等内容。这样一来，客户不仅感受到你的专业性，还能节省时间，迅速推进谈判进程。

其次，创建解决常见意见和详细回答常见问题的内容，是促进成交的另一个关键。每个销售人员都遇到过客户的各种反对意见，比如"价格太高"或"我们已经有类似的解决方案"。通过预先准备好这些问题的详细答案，并将其汇总成FAQ（常见问题解答）内容，你可以在客户提出异议时，快速提供清晰、有力的回答。比如，对于价格问题，你可以详细解释产品的独特价值和长远的投资回报，让客户明白为何这是一笔值得的投资。

此外，提供清晰的定价信息、产品比较和价值主张声明，也是证明投资合理性的重要手段。客户在做出购买决定时，往往会比较多个解决方案。在这种情况下，清晰的定价信息和产品比较表格，可以帮助客户直观地看到你的产品在价格、功能和价值上的优势。比如，你可以创建一张详细的表格，列出你的产品与竞品的比较，从而突出你的产品在某些关键方面的独特优势。

案例研究和推荐信则是建立信任和信誉的有效方式。通过分享客户成功故事和推荐信，你可以向潜在客户展示你的解决方案在实际应用中的成功经验。比如，一个客户通过你的解决方案，显著提升了运营效率并取得了明显的业务增长，这样的成功案例不仅能增强客户的信心，还能让他们看到实际的应用效果。推荐信则可以进一步强化你的专业形象和信誉度，让客户相信你的解决方案是经过验证的、值得信赖的选择。

通过提供提案模板、创建FAQ内容、清晰展示定价信息和价值主张、分享成功案例和推荐信，以及使用聊天机器人和实时聊天支持等，你可以在数字销售过程中有效促进成交和谈判。这些策略不仅能提升客户的信任度和满意度，还能显著提高你的销售转化率。数字时代的销售不仅是技术的应用，更是通过精心设计的内容和策略，与客户建立深度连接，达成共赢。

4.6.6 客户关系建立和经营

在数字时代，销售人员要建立和经营客户关系。在这个竞争激烈的市场中，成功的关键在于与客户建立深厚的关系，并通过持续的互动和关怀，赢得他们的忠诚和信任。

首先，你需要对客户进行细分，以便提供有针对性的内容和优惠。想象一下，你有一大群客户，但他们的需求和兴趣各不相同。通过细分客户群体，你可以根据他们的购买历史、兴趣和行为，为他们提供量身定制的内容和优惠。例如，对于那些经常购买高端产品的客户，你可以提供独家内容和特别优惠，而对于那些对新产品感兴趣的客户，你可以提供产品预览和试用机会。这样一来，客户会感受到你的关心和重视，从而更愿意与你保持长期关系。

其次，开发并推广奖励机制以提升客户的忠诚度，也是维系客户关系的重要策略。你可以设计一个积分奖励机制，鼓励客户多次购买和推荐新客户。比如，每次购买积累一定的积分，可以兑换礼品或折扣券。而对于那些成功推荐新客户的老客户，你可以给予特别奖励。通过这样的机制，客户会更加愿意与你保持长期关系，并积极为你推广。

最后，客户反馈也是改进产品和服务的重要来源。通过数字表单收集客户反馈,并及时解决他们的疑虑或问题,你可以不断提升客户满意度。比如,当客户购买后,你可以发送一份简短的满意度调查,了解他们的使用体验和建议。对于那些提出问题的客户,你可以通过邮件或电话及时跟进,解决他们的问题。这样不仅能改进你的产品和服务,还能让客户感受到你的重视和关怀。

通过客户细分、个性化营销、忠诚计划和客户反馈,你可以在数字销售过程中有效建立和经营客户关系。这些策略不仅能提升客户的满意度和忠诚度,还能显著提高你的销售转化率。

成功的销售不只是一次交易,还是与客户建立长期的信任和互利的关系。而在数字空间中建立与维护关系,媒介是内容。

实践案例:某公司有一位长期客户,为了削减成本,决定公开竞标,暂时停止与该公司合作。公司管理层敏锐地意识到,参与价格战并非上策,为避免被拖入无休止的价格角逐,他们选择了退出竞标。这家公司巧妙地向客户表达了他们对长期合作关系的高度重视。虽然不打算参与竞标,但他们愿意为客户提供免费的咨询服务,帮助客户更好地准备标书。这一出人意料的姿态,不仅显示了他们的诚意,更彰显了他们的专业素养。

在与客户线上线下的交流中,销售人员展示了非凡的洞察力和专业知识,帮助客户梳理了标书的各项内容。他们从多个角度提供了详尽的建议。

"如果有供应商跟你说这些,他们一定是错的,原因如下……"

"有些供应商可能会说我们需要这四项服务,但其实我们并不需要,原因如下……"

"无论如何,你的标书一定要包括这两项内容,原因如下……"

"如果有公司说我们不需要那两项性能,一定要反驳它们,因为它们只是想让你买它们的产品,你一定要在这两个主要性能方面坚持己见。"

客户被这些建议深深打动，因为这些内容是他们自己无法全面考虑到的。当公司看到客户最终定稿的标书时，该公司表示："如果这就是标书的最终版本，那么我们愿意重新参与竞标，因为我们能够满足你的需求，而且是你们的最佳选择。"

通过这种操作，不仅避免了价格战，更通过无私的专业服务赢得了客户的信任与尊重。这个案例完美地诠释了如何在竞争中保持合理自尊，同时利用自己的专业优势，为客户提供无可替代的价值。

在数字化销售时代，销售人员最强大的武器不是价格，而是他们无与伦比的专业能力和洞察力。当销售人员能够为客户提供真正有价值的信息，并且这种信息能与自身的优势完美契合时，他们就不再仅是卖产品的人，更是客户信赖的顾问和伙伴。通过这种方式建立的客户忠诚度，是任何竞争对手都难以撼动的。

4.7 从开场白到成交：AI 让销售人员事半功倍的全攻略

毫无疑问，AI 正在孕育一场销售革命。一线销售人员应尽早融入 AI 辅助内容创作的浪潮之中。这无疑将大幅提升销售人员的工作效率。这样再也不需为烦琐重复的事务而头疼万分，反而能把更多精力投入到客户需求分析、关系维护等核心工作中。

4.7.1 客户拜访时的开场白和自我介绍

在任何销售对话的开场，打造良好的第一印象是非常关键的。通过恰当的开场白和自我介绍，你不仅能破除客户的戒心，更能让他们从一开始就对你产生信任和好感。

以往，销售人员不得不自己编写开场白，而今只需给出几个要点，AI 就能瞬间生成数十甚至上百种开场白选项。你可以在

DeepSeek 中输入诸如"假如你是来自××公司的××，现在需要你为我写一份专业诚恳的开场白。这次要去拜访的客户背景资料如下……"这样的 AI 提示词，然后 DeepSeek 会自动展开、丰富细节，生成富有创意和新鲜感的开场白文本。

比如，你可以获得类似这样的 AI 开场白建议："×××女士/先生，我是来自×××科技公司的 Jane，是一名为企业提供环保解决方案的专家顾问。我了解到贵公司近期在制定新的环保政策，我们公司在这一领域有着丰富经验和技术积累，或许能为您提供专业的建议和支持。我很高兴能有这次面谈的机会，希望通过讨论找到适合贵司的环保措施。"

你看，只输入了短短的一两句话，AI 就生成了一段贴近实际场景、富有情境化细节的开场白。这种开场方式无疑比单调的老式开场白更能吸引客户的注意，还显得你对客户的业务和需求了如指掌，从一开始就让人对你产生信赖感。

自我介绍的部分也是如此，你可以简单输入"假如你是具有××年资历的销售专家，在××领域有丰富经验，希望你给我写一个拜访客户时用的个人介绍"之类的大概框架，AI 就会结合你的具体背景自动生成专业、内行、富有说服力的自我介绍内容。

> 假如你是拥有12年经验的资深的销售专家，在新能源领域有丰富经验，特别是在储能AI技术解决方案方面。请你为我写一个销售开场白中的自我介绍，希望语言口语化，专业，清晰简洁。
>
> 以下是一个在销售开场白中的自我介绍，适用于新能源和储能AI技术解决方案的场合：
>
> 大家好，我是李明，有十二年的销售经验，专注于新能源领域。过去的几年里，我致力于储能AI技术解决方案，帮助企业实现高效的能源管理和成本节约。我的工作就是通过最前沿的技术，为客户提供定制化的解决方案，提升他们的竞争力和可持续发展能力。今天，我很高兴有机会与大家分享我们的技术如何能够为您的业务带来真正的价值。

4.7.2 展示公司/产品简介,引发需求意识

制作传统的公司和产品简介一直是一件苦差事,因为它需要罗列大量枯燥的规格参数、数据和功能列表。如今,AI 能帮你轻松突破这个瓶颈,生成出生动活泼、聚焦客户需求的营销内容。

譬如你可以对 AI 输入:"公司的 CRM 系统能为企业提供高效的客户管理支持,并致力于提升营收和工作效率。系统具有分析功能、移动办公、人工智能引导等特点。产品背景文档材料如下……"然后 AI 就会基于背景资料与框架,自动生成出类似这样的内容:"在当今日新月异的商业环境中,企业要想立于不败之地,离不开对客户资源的高效管理和持续优化。我们公司的 CRM 系统就是为此而生的终极解决方案。它不仅集中了从线索拓获,到售前售后全流程的客户管理功能,更配备了强大的智能分析工具。通过分析客户的购买习惯、服务记录等数据,系统能自动预测客户的未来需求,并推荐有针对性的营销方案和机会提醒。同时,系统支持随时随地的移动办公,让您的销售力量可以在任何场合快速响应客户。此外,人工智能助手不断优化您的服务流程,智能分配任务、审批并提供反馈,使营销工作事半功倍,轻松拓展业务。"

从中你可以看到,AI 不仅能填补空白、全面描述产品特性,更能从客户痛点出发,用场景化语言解说产品价值,引发客户的需求意识。这比老式的功能条例式营销简单有效!

4.7.3 产品细节阐述和案例分享

除了吸引眼球的营销内容,在实际销售场合,你还需要对产品的功能细节和优势给予更深入、全面的阐述。这部分内容通常还需要辅以成功案例来展现产品的实际应用价值。以往,销售人员准备这些材料还需进行大量的搜集整理工作。而现在,AI 能够基于你

的少量框架输入，迅速生成完整的细节内容，并融入恰当的行业案例。

例如，你给 AI 输入这样一个框架："我公司的 ×× 产品具有独特的技术优势，拥有智能优化、能源节省等功能，适用于制造业。以 ×× 公司为例……"那么，AI 就能基于这个框架，自动生成如下产品细节和案例内容。

我们公司自主研发的 ×× 系统，不仅拥有同行业领先的制程控制能力，更率先采用了大数据分析和 AI 智能优化技术。系统可以实时监控生产设备的运行数据，并结合物理学和工艺流程模型，通过机器学习算法持续分析和学习，进而自动调整设备的各项参数。这使 ×× 系统能够比起人工调优的方式，更快更准确地找到生产线的最优化设置，将产能和良品率一劳永逸地提升到新高度。

除此之外，×× 系统还集成了节能环保的设计理念。它采用先进的控制逻辑和预测功能，能智能管理能源使用，避免浪费。据统计，目前已有超过 1 000 家制造企业使用了我们的系统，单单在能源消耗方面，就为它们节省了 20% 以上的能源成本。

以汽车零部件制造商 ×× 公司为例，它们 2024 年启用了我们的 ×× 优化系统后，半年时间就将能耗降低了 25%，同时将产品一次成品率从 93% 提高到了 98.5%。这不仅为公司源源不断地创造出硬币利润，产品质量的持续改善，更让它们在同行中抢占了重要的竞争制高点。

从这个例子可以看出，AI 不仅能够基于我们的框架信息，迅速生成完整的产品细节和案例内容，更能将案例自然地融入其中，以实例的形式佐证产品案例的确切阐述，让产品优势和价值更加立体生动。与此同时，AI 所生成的内容读起来行云流水、富有张力，从容地将专业细节与客户场景融会贯通，让枯燥的产品特性变得生动亲切。

4.7.4 回应客户疑虑的论据和解说

在任何销售过程中,应对客户的疑虑和异议都是不可或缺的一环。客户往往对产品的价格、性能、安全性等存有种种顾虑,这就需要销售人员有针对性地进行解答和解释,从而打消其疑虑,为下一步转化做好铺垫。

传统的做法是,销售人员需要事先准备大量可能的疑问清单,并为每个疑问罗列出答复要点。这无疑是一个耗时耗力且效率低下的过程。而新兴的 AI 大模型则可以极大改善这一状况,通过对话式交互,快速生成高质量的解答内容。

例如,你可以向 AI 描述某个场景:"客户担心我们的 CRM 系统功能太复杂、操作成本高、对现有流程改动太大等。你能否帮我梳理出具有针对性的与客户交流的论据?"

接下来,AI 将会基于你的问题描述,迅速生成如下内容。

"亲爱的客户,我完全理解您对系统改革的顾虑。不过,请您相信,我们的 CRM 系统虽然拥有全面且强大的功能,但同时也专注于提供简单流畅的用户体验。

首先,整个系统的操作界面经过精心设计,完全遵循人机自然交互原则,让每位用户都可以像使用日常手机 App 那样快速上手,无须特殊培训。系统会根据不同角色定制首页,自动推荐员工当前需要关注的任务和信息。其次,我们秉承"低改造、高效能"的理念,将系统融入并优化了企业现有的工作流程,例如与邮件系统、办公系统等紧密集成,无缝对接,最大限度地降低改造成本和阻力。再者,我们为每一位新客户……"

AI 不仅能自动生成全面、有理有据的论证解答内容,更能结合实际场景,从用户的角度出发,耐心解说疑虑的来源,并一一予以合理解释,相当巧妙地消除了客户的疑虑。这种智能对话式的疑虑解答,远比传统话术高效得多。销售人员不必反复死记硬背各种假设疑问，只需提供实际场景描述，AI 就能主动总结并生成恰当的解答论据，让销售沟通变得更加自然流畅。

4.7.5 对比竞品防御式销售内容

任何一款产品，总有其他竞品在与之一决高下。为了更好地突出自身的产品价值，销售人员往往需要展开对比分析，进行防御性销售，阐明自家产品的优势所在。然而，编写这类对比和防御式内容并非易事，需要耗费大量精力搜集整理竞品信息、挖掘利弊得失等。好在 AI 可以在此提供重要助力，以确保销售内容的高质量输出。

例如，你可以向 AI 输入这样一个问题："我们的 ×× 旅游预订系统，与竞品 YY 和 ZZ 产品相比，主要有……核心优势。请你为我生成一段防御式销售分析内容。"

那么，AI 就能够立即生成类似下面这样的分析对比内容。

当下旅游预订市场虽然参与者众多，但我们的 XX 系统独树一帜，将带给客户无与伦比的体验。

首先，从功能完备性来看，XX 系统覆盖了机票、酒店、包车、景点门票等全方位旅行服务，一站式满足您的所有出行需求。而竞品 YY 仅提供机票预订，ZZ 也只覆盖酒店服务，在服务范围上都存在明显短板。

其次，在智能化程度方面，我们超越了同行很多。我们的系统融入了大数据和深度学习技术，能从用户历史记录和群体喜好中智能分析并预判出个性化的旅游需求，给出精准推荐和路线规划，为您省去大量筛选和决策时间。而 YY 和 ZZ 都还停留在简单的关键词匹配阶段，服务体验有限。再者，我们的 XX 系统的交互方式别具一格……

不难看出，AI 不仅能够全面梳理出自家产品的优势卖点，更能与竞品进行逐一准确对比，深挖竞品的短板所在，从而生成具有说服力的防御式销售内容。

通过AI智能生成的这种分析对比内容，销售人员不必再费尽心机去挖掘和总结竞品的劣势，只需提供基本的产品信息，AI就能高质量地输出专业的防御式销售话术，事半功倍，为销售人员省下大量时间和精力。

4.7.6 感谢客户的贺函/短信

每一个成功的销售人员都离不开客户的信任和支持。于是，及时向客户表达诚挚的谢意，就成为销售工作的重要一环。然而，撰写出贴心、高质量的感谢内容并非一件易事，需要耗费不少心力。而AI则可以成为销售人员在此环节的得力助手。

比如，你可以给AI下达这样一个指令："假如你是一名资深销售经理，最近成功与××集团签订了一份大额合同。请根据以下背景信息，为我创作一份感谢该客户的贺函内容。××集团是全国知名企业，主营业务为×××，合作历时近1年，终于在上周达成×××项目的合作意向。"

在获知上述背景信息后，AI会立即开始工作，为你生成类似如下的贺函。

亲爱的×××女士/先生：

在火热的夏日里，我们终于喜摘合作的硕果，就让我们共同祝贺并对此献上最诚挚的谢意！

上周，在双方一年多的友好接洽和深入磋商后，我们终于就×××项目达成了全面的合作……能与贵集团这样的行业翘楚达成合作，对于我们无疑是莫大的荣幸和肯定。

更要感谢的是贵集团对此项目倾注的大量心血。你们对我们服务和解决方案的反复考量，对产品质量的严格把关，对合同条款的细致斟酌，无不体现出对业务发展和客户利益的高度重视。这种追求卓越的工作态度，正与我们的价值观不谋而合，也将成为推动本项目高效落地的强大原动力。

AI 不仅能够准确理解背景信息，自动生成客观内容，从篇首对合作的庆祝，到对客户工作态度的由衷赞赏，再到对未来合作的憧憬期许，AI 都能组织出婉转有致、会意巧妙的优美辞藻，让简单的感谢文字更添温情与分量。通过 AI 的智能辅助，贺函的质量可以得到极大提升，不仅行云流水、恰如其分，更将销售人员的真挚谢意和专业素养充分表露，必将给客户留下极好的体验和印象。

4.7.7　邀请客户参与公司活动的内容

邀请客户参与各类公司或行业活动，是加深双方了解、打造精诚合作的良机。然而，活动邀请函往往显得单薄无趣，缺乏新意和诚意，无法引发客户对活动的关注和期待。而 AI 能帮你轻松创作出别出心裁、信息丰富的活动邀请内容。

例如，你可以向 AI 提供这样一个场景背景："我是一名资深销售，现在我们公司将举办一场为期两天的'科技赋能，智启未来'线下沙龙峰会。邀请大批企业家和专家参与，就未来科技发展和趋势展开讨论洽谈。请为我生成一段有吸引力的活动邀请内容。"

那么，AI 就会基于你的背景描述，为你创作出活动邀请内容。

尊敬的（客户姓名）先生／女士：

科技正以无与伦比的速度变革着这个世界，也在重塑着企业的未来。让我们共同直面这样一个残酷的现实：过去的经营模式和管理方法，正在被科技力量无情渲染和重塑。

唯有主动拥抱变革，方能与时俱进、把握时代脉搏。而我们公司即将举办的"科技赋能，智启未来"峰会，就是为您敞开一扇领略科技新视野的绝佳舞台。这场为期两天的顶级盛会，不仅将云集数十位国内外科技界和产业巨头的权威专家进行分享与巅峰对话，更有专题研讨会、最新技术产品展示以及丰富精彩的配套活动等是您期待已久的盛宴。我们将全方位、多维度地探讨科技如何深度赋能实业、赋能制造业、服务业，乃至赋能企业的生产、营销、供应链等各个环节。

会议不仅将为您提供前瞻性的战略思考，更将为您带来实战性的解决方案。无论您是期待借鉴行业先锋的创新智慧，还是寻求科技力量喷涌而出的新商机，都将有机会在峰会现场获得满满收获。

诚挚邀请您亲临这场思维躁动的科技饕餮盛会！成为我们共享和塑造科技新未来的一员，踏上通往腾飞和辉煌的全新征程。

AI生成的这段活动邀请函，立意新颖生动，语言更具高度的感染力和号召力。它先是极具张力地概括了科技变革带来的巨大冲击，唤起读者的危机意识，接着巧妙阐述了本次活动的价值主张。最后，更是热情洋溢地号召客户参与到这场思维实战中来，与活动主办方一同扛起引领科技未来的大旗，向美好明天阔步进发。

简而言之，在AI强大的文本创作能力的助力下，销售人员无须再为缺乏灵感而苦恼。只需提供专业背景知识和框架信息，AI就能发挥其强大的信息提炼和语言重塑能力，生成别出心裁、切合销售场景的内容，为产品展示、销售、客户关系维护、活动促销等环节提供强有力的创意和智力支持。

4.8 超越算法与内容：如何高效把内容传递出去

在这个数字时代，销售人员的工作可不仅仅是线下拜访和打电话了，我们要学会借助各种数字化手段，高效地向客户传递内容和信息，与他们保持紧密互动。你可以主动给目标客户发私信，分享一些有价值的内容资讯，以此开启交流。假如有一个客户对某款新品很感兴趣，但一直持观望态度。你可以主动利用微信发私信给他，告诉他新的进展和案例，并耐心解答他的疑问。这就是日常内容传递工作的一个缩影。

内容为王，但运营决定结果。内容的质量固然重要，但若缺乏合理有效的运营思路，优质内容也难以触达理想的受众群体。因此，作为AI时代的销售人员，在高效传递内容与销售转化中需要考虑如下内容。

首先，我们需要对受众群体有深入的了解和研究。只有真正洞悉他们的需求、喜好和平台使用习惯，我们才能为销售内容制定出切实可行的传播方案。比如，如果你的目标是中年白领群体，单纯依靠新兴的抖音号或小红书号恐怕难以取得理想效果，不如着力培育公众号和视频号等更贴近这一群体的内容平台。

其次，除了为客户提供有价值的内容，数字化的内容传播对销售人员自身来说同样非常重要。因为现在销售人员不光需要面向传统公司给他们分配的特定客户，还需要尽可能多地去影响和覆盖公司定义的潜在客户。

最后，我们要了解并掌握各大平台的内容运营规则，特别是算法分发的规律和特点。由于算法的智能化程度越来越高，单一平台上的内容优化策略已经不适用了，我们需要针对不同平台采取差异化的内容运营方式。

当你能够掌握这些算法的运作规律，创作出契合算法偏好的优质内容，就能最大限度地触达我们的目标受众。比如对于抖音来说，我们需要重视内容的热度值和互动率，通过精心设计标题、上传时间等元素提高内容的曝光率。而对于视频号来说，我们或许需要更加注重内容的完整性和知识体系建设，以赢得推荐算法的青睐。无论在何种平台，只有将内容制作与运营策略完美结合，我们才能事半功倍地触达目标受众。

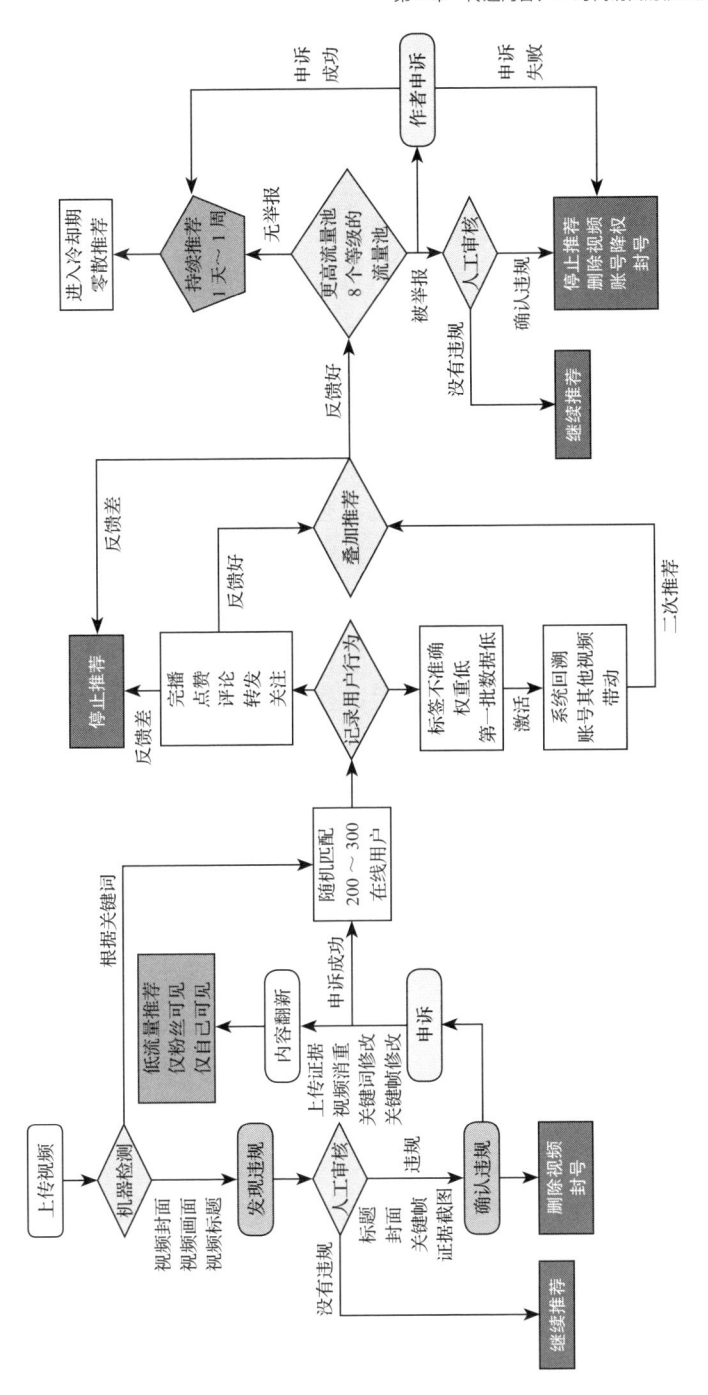

第 4 章 传递内容：AI 时代销售的核心抓手

我的一个客户（一个团队）是从事煤矿工程机械相关工作的，目标客户群体明确且集中在煤矿产业链上下游企业。他们之前的销售一直依赖线下拜访、人际关系维护和销售技巧。一开始，团队对内容销售法存在质疑，认为仅靠传统线下拜访就足够了。在我的帮助下他们意识到，通过创作有价值的内容，结合精准标签策略，可以让内容找客户，与客户沟通并推动销售，减少销售人员广撒网式拜访的工作量。

针对目标客户的痛点，他们制作了一系列煤矿机械相关的短视频。在内容发布时，他们精心设置了地区、客户公司名、行业、产品目录及行业术语等关键词标签。这样一来，短视频平台的算法就会根据这些标签，将内容精准推荐给对应的目标受众。

只要内容质量过硬、信息新鲜且有价值，煤矿采购人员在观看、点赞、评论、分享后，算法就会自动将相关内容推送给他们的同事或其他具有相同特征的人群。员工手机通讯录上常有公司内部同事的手机号码与平台账号绑定，内容就会顺着这些"看不见"的数字化人际关系网络，自动渗透并传播开来。

这种让"内容自动找客户"的方式，不啻为数字时代的全新销售模式。通过内容销售法策略的持续实施，团队结合传统拜访，就可以精准触达、吸引并转化更多目标客户，让销售效率事半功倍。

与算法并行的是各个数字化的内容展示平台。无论是公众号、知乎、微博，还是一些小红书等新兴的内容平台，你都要在其中精心布局，抢占有利发展位置。你可以在公众号中保持高质量内容输出，培养出一批忠实读者群，这就为后续的产品销售赢得了天时地利。我有一位朋友，他的个人微信订阅号做得非常出色，单篇文章上百万的阅读量让他积累了大批种子用户。后来他们公司有新产品上线，第一批对产品反响热烈并成为付费用户的，就是他公众号上的这些种子用户。

所以，与其被动等待客户主动咨询，不如主动布局各大内容平台，在那里持续输出优质内容，为自己赢得一大批潜在客户。

再者，你还需要掌握一些私域社群传递内容的技能，比如私域流量的运营方法。很多时候，即使我们的内容再好，如果只依赖公域流量也难以高效触达核心目标受众。这时，私域流量运营就成为关键了。

通过微信群、企业微信等渠道积累私域池，并利用私域群发助手等工具对私域流量实施精细化运营，从而将内容直接投放到最有潜力的种子用户手中。一旦这些种子用户对内容产生了共鸣，他们就会自发进行二次传播，帮助内容快速在目标人群中传播开来。

除了私域，我们还可以尝试线下的体验式营销等创新手段。比如，为重点目标客户群体举办线下沙龙或体验活动，现场投放内容并进行现场互动营销。

最后，我还想强调一点，那就是我们在传播内容的同时，也要注重个人品牌的持续经营。一个好的个人品牌形象，不仅能让内容产生更大的影响力，还能稳固我们在客户心中的地位。

总之，在当下这个内容为王的时代，销售人员更应该把重心放在内容创作和传播的高效性上，而不是纠缠于单一的线下拜访或者电话营销。只有与时俱进，充分利用好各种数字化工具和渠道，我们才能跟上时代潮流，在激烈的市场竞争中占据先机。

第 5 章

深化关系：AI 时代的客户关系养成

在这个数字化浪潮席卷全球的时代，销售的本质正在经历一场静默的革命。曾几何时，销售被简单地定义为产品或服务的交易，而今天，它已经演变成了一门深度连接的艺术。在这个信息爆炸、注意力稀缺的时代，如何真正深化客户关系，成为每一个销售人员必须面对的挑战。

在这个数字空间与物理空间交织的世界里，你不再仅是一个销售人员，更是一位关系的编织者、价值的传递者甚至是客户生活中的重要角色。你的每一个互动动作，无论是在社交媒体上的一个点赞，还是一通体贴的电话，都在潜移默化地塑造着你与客户之间的纽带。

本章将带你深入探讨如何在这个数字时代深化客户关系。我们将剖析 IDIC 框架，学习如何精准分类客户，如何提供个性化服务，如何把握重要时刻，以及如何巧妙运用社交媒体。你将了解到，在这个看似冷冰冰的数字世界里，如何注入人性的温度，如何在保持联系的同时避免打扰，以及如何将科技工具如 CRM 系统转化为你的得力助手。真正的销售高手不仅能够完成交易，更能够建立持久的信任和忠诚。

5.1　数字时代的销售艺术：深化客户关系的认知

在这个瞬息万变的数字时代，销售的本质依然未变：建立并维护良好的客户关系。然而，如何在信息爆炸、注意力稀缺的今天，真正做到深化客户关系，却需要我们重新思考和定义。

1. 客户资源——销售人员的真正财富

在销售领域，有一句广为流传的话："**客户就是资本。**"这句话虽然简单，却道出了一个深刻的道理：一个销售人员最重要的商业价值就在于是否拥有一批忠实而优质的客户资源。

想象一下，当你拥有一群信任你、欣赏你、愿意持续购买你的产品或服务的客户时，你的事业会是怎样的？这不仅意味着你拥有稳定的收入来源，更代表着你在行业中的影响力和地位。这些客户就像你职业生涯中的"活期存款"，源源不断地为你带来价值。

然而，客户资源并非凭空而来。它需要时间的沉淀，需要你的用心经营。正如园丁培育花草，你需要为客户关系浇水、施肥，让它在时间的长河中生根发芽，最终开花结果。

2. 深化客户关系——科学的艺术

深化客户关系，听起来似乎是一个简单的概念，但实际操作起来却颇具挑战。它不仅是频繁地联系客户，更是一门需要智慧和策略的艺术。我们需要明白，并非所有客户都需要同等程度的关注。正如我们在生活中与不同的人保持不同程度的联系一样，在商业世界中，我们也需要对客户进行分级分类。

另外，我们还需要考虑自身的销售目标，要从价值创造和客户需求的角度出发。有些客户可能希望与你保持频繁联系，而另一些客户则可能更喜欢独立自主，不希望被过多打扰。

正如管理学家彼得·德鲁克所说："**效率是把事情做对，效能是做对的事情。**"在深化客户关系这件事上，我们需要既有效率又有效能。

3. 数字化工具——突破邓巴数的限制

在讨论如何有效深化客户关系时，我们不得不提到一个有趣的概念——邓巴数。这个由英国人类学家罗宾·邓巴提出的理论认为，人类能够维持稳定社会关系的人数大约是 150。

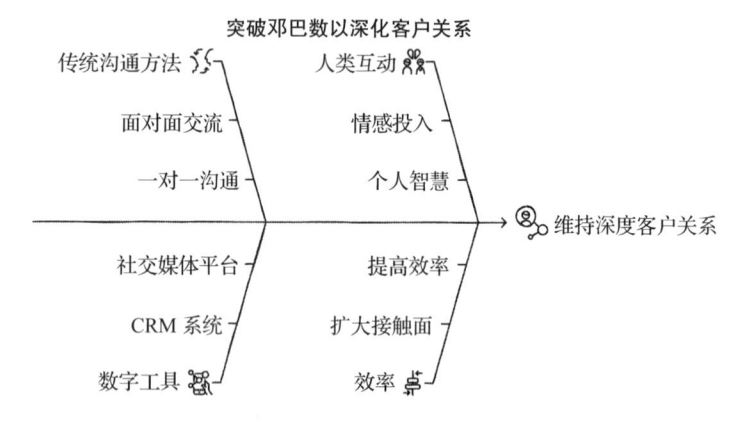

突破邓巴数以深化客户关系

- 传统沟通方法
- 面对面交流
- 一对一沟通
- 社交媒体平台
- CRM 系统
- 数字工具
- 人类互动
- 情感投入
- 个人智慧
- 提高效率
- 扩大接触面
- 效率

→ 维持深度客户关系

这个数字对销售人员来说意味着什么？它意味着，**如果完全依靠传统的面对面交流和一对一沟通，那么一个销售人员能够真正深入维护的客户关系也就在这个范围内**。然而，在数字时代，我们有了突破这一限制的可能。各种客户关系管理（CRM）系统、社交媒体平台、智能营销工具等数字化武器，为我们提供了与更多客户保持联系的机会。但需要注意的是，数字化工具并非万能。它们可以帮助我们扩大接触面、提高效率，但真正的深度关系依然需要人的智慧和情感投入。

正如一句古老的谚语所说："工欲善其事，必先利其器。"我们要善用工具，但不能被工具束缚。

4. 情感连接——超越交易的价值

在商业世界中，我们常常被各种数字和指标包围：销售额、转化率、客户生命周期价值……这些无疑都是重要的衡量标准。但如果我们只关注这些冰冷的数字，很可能会忽视一个至关重要的因素——情感连接。

人类是社会性动物，我们渴望被理解、被认可、被尊重。这一点在商业关系中同样适用。当一个客户选择你的产品或服务时，他不仅是在进行一次交易，更是在寻求一种体验，一种被重视和被理解的感觉。

如果你在一个客户的生日或在他们公司取得重大成就时送上真诚的祝福，或者在他们遇到困难时提供力所能及的帮助，这种情感连接会给你们的关系带来怎样的变化？**它可能不会立即转化为销售数字的增长，但长远来看，这种真诚的情感投资往往会带来意想不到的回报。**

正如美国诗人玛娅·安杰洛所说："**人们可能会忘记你说过的话，忘记你做过的事，但永远不会忘记你给他们的感受。**"在销售关系中，创造积极、深刻的情感体验，往往比单纯追求交易更能带来长久的商业价值。

5. 平衡的艺术——个性化与规模化的融合

在追求深化客户关系的过程中，我们面临着一个看似矛盾的挑战：如何在保持个性化服务的同时，又能覆盖更广泛的客户群体？太过倾向个性化，可能导致效率低下；过度追求规模化，又可能失去与客户的真实连接。例如,你可以利用数字工具进行大规模的客户行为分析,找出最有价值的客户群体,然后针对这些重点客户,投入更多的个性化服务和情感连接。对于其他客户,则可以通过自动化的内容推送和定期的轻度互动来维持关系。

深化客户关系不是一场短跑,而是一场马拉松。它需要我们持续不断地学习、调整和优化。正如理查德·布兰森所说:"**客户不总是对的,但他们总是重要的。**"让我们以此为指引,在这个数字化的时代,不断探索深化客户关系的新途径。

6. 公私关系——个人关系与业务销售

从个人关系与业务帮助四个维度可以将销售关系分为以下四类。

	个人关系低	个人关系高
业务帮助高	供应商关系	合作伙伴关系
业务帮助低	局外人关系	私人朋友关系

(1)**合作伙伴关系**:业务帮助高,个人关系高。这是销售的理想状态,你不仅是客户的得力助手,更是值得信赖的朋友。在这种关系中,你能获得大单和持续业务。要达成这种关系,你需要在专业能力和人际交往上双管齐下,既要提供卓越的业务价值,又要建立真诚的个人联系。

(2)**供应商关系**:业务帮助高,个人关系低。在这种关系中,你是客户眼中的专业解决方案提供者。你的价值源于对客户业务的深刻理解和专业技能,而非私交。这种关系需要持续展示你的专业价值,为客户创造实际成果。要建立这种关系,关键在于不断提升自身的专业能力，深入了解客户行业动态。

（3）**局外人关系**：业务帮助低，个人关系低。这种关系通常出现在初次接触或尚未建立信任的阶段。要突破这种关系，你需要主动出击，展示你的专业价值，同时寻找共同兴趣点，逐步建立个人联系。

（4）**私人朋友关系**：业务帮助低，个人关系高。这种关系看似融洽，实则潜藏风险。客户可能出于人情给予小额订单，但难以获得核心业务。要突破这种局限，你需要将私交转化为业务价值，展示你的专业能力，让客户认识到与你合作的商业价值。

真正的销售高手，能够在保持良好个人关系的同时，不断提升自身的业务价值。他们深谙"关系"与"能力"的平衡之道，既能赢得客户的信任，又能为客户创造实际价值。在复杂的销售项目中，个人魅力与专业能力的结合尤为重要。这需要销售人员具备多元化的技能：既要有出色的人际交往能力，又要有深厚的行业知识和生成解决方案的能力。在团队协作中，高端销售的核心价值体现在项目管理、客户关系维护和内部资源整合上。

销售的本质是价值创造。无论是依靠个人关系还是专业能力，最终都要落实到为客户创造实际价值上。真正的销售高手，能够将个人关系转化为业务机会，将专业能力转化为客户价值，在"关系"与"能力"的动态平衡中实现双赢。

简而言之，**在这个数字化浪潮汹涌的时代，深化客户关系的本质依然是人与人之间的连接。技术可以帮助我们更高效地管理关系，但真正的价值创造仍然源于我们对客户需求的深刻理解，以及为之提供解决方案的能力。**

我们的目标不仅是销售产品或服务，更是成为客户成长道路上的伙伴和助力者。正如一位智者所言："在商业世界中，没有永恒的产品，只有永恒的关系。"现在开始累积你的客户资产吧。

5.2 深化关系 IDIC 框架

在数字销售的浪潮中,销售人员面临着前所未有的机遇与挑战。如何在这个瞬息万变的环境中深化客户关系,提升客户满意度,成为每个销售人员必须解决的问题。IDIC（Identify,Differentiate,Interact,Customize）框架可为你提供了一条清晰的路径,帮助销售人员在数字时代打造稳固而深厚的客户关系。

- ❑ 客户分类（Identify）：销售人员需要对客户进行精细分类。这不仅是简单地将客户按购买力或交易频率进行划分,还是通过多维度的数据分析,对客户进行标签化管理。例如,通过分析客户的购买历史、偏好、行为模式以及社交媒体上的互动等数据,识别出高价值客户、潜力客户以及需要重点关注的客户。这样的精细分类有助于销售人员精准地识别客户需求,提高后续策略的针对性和有效性。

- ❑ 区别对待客户（Differentiate）：在识别客户的基础上,销售人员需要根据客户的重要性和特点制定差异化的服务策略。高价值客户可能需要更加个性化的服务,如专属的产品推荐、客户活动邀请等。而对于潜力客户,销售人员则可以通过提供试用产品、特别优惠等方式来激发他们的购买兴趣和提高其忠诚度。区别对待不仅能提升客户的满意度,还能有效地优化资源配置,确保投入产出比最大化。

- ❑ 同客户进行互动（Interact）：互动是深化客户关系的关键。在数字时代,互动的方式变得多样化且高效。销售人员可以通过社交媒体、电子邮件、电话以及即时通信工具等多个渠道与客户保持联系。社交媒体平台（如微信、Linkedin 等）为销售人员提供了便捷的沟通渠道,通过分享有价值的内容、及时回复客户的咨询,可增强客户的参与感和信任感。同时，销售人员还可以利用 CRM 系统，记录每一次互动的细节，确保后续跟进的连贯性和个性化。
- ❏ **提供个性化服务（Customize）**：提供个性化服务是巩固客户关系的制胜法宝。每个客户都是独特的，销售人员需要根据客户的具体需求和偏好，定制化地提供产品和服务。例如，通过分析客户的购买数据和兴趣偏好，推荐最适合他们的产品；或者根据客户的反馈，调整服务流程，提高其满意度。个性化不仅是产品的差异化，更是服务体验的全面升级。通过细致入微的关怀，销售人员能让客户感受到被重视，从而提升客户忠诚度和重复购买率。

在实施 IDIC 框架的过程中，数字化工具的运用不可或缺。从社交媒体管理工具到自动化销售软件，数字化工具为销售人员提供了强大的支持。通过这些工具，销售人员可以更加高效地管理客户信息、分析客户行为、制定个性化策略以及执行互动计划，最终实现客户关系的深化和业务的持续增长。

深化客户关系不仅是销售人员工作的核心，更是销售人员实现长远发展的关键。IDIC 框架为销售人员提供了一套系统而科学的方法，通过客户分类、区别对待、互动和个性化服务，可帮助销售人员在数字时代打造深厚而稳固的客户关系。接下来，我会围绕 IDIC 框架，对深化关系中的核心问题展开叙述。

5.3 客户分类让你更高效

在这个信息爆炸、竞争激烈的数字时代，销售人员面临的挑战不仅是如何找到客户，更是如何高效地与客户建立关系并长期维护这种关系。面对庞大的客户群体，如何在有限的时间内最大化销售效果呢？秘诀就是对客户进行精准分类。这不仅能帮助你更好地利用个人时间，还能避免客户产生不必要的尴尬。

换句话说，我们得首先对现有的客户进行分类和甄别，然后有的放矢。对于那些暂时看不到太大价值的小客户，我们当然也不能视而不见，但主要精力还是要放在那些潜力大、合作前景广阔的大客户身上。

5.3.1 为何要进行客户分类

首先，客户分类的重要性不言而喻。在一个客户池中，并不是每个客户都具有相同的价值和需求。通过客户分类，你可以做到以下几点。

- **识别高价值客户**：将资源和精力集中在最有可能带来高回报的客户上。
- **优化时间管理**：避免在低价值或不相关的客户上浪费时间。
- **个性化沟通策略**：根据不同客户的需求和特性，制定更有针对性的沟通和销售策略。
- **提升客户满意度**：避免频繁打扰不相关的客户，从而提升整体客户体验。

5.3.2 客户分类的标准

在进行客户分类之前，你需要确定一些有效的分类标准。以下是一些常见的客户分类标准。

- **客户价值**：根据客户的购买力、历史交易记录和未来潜在价值进行分类。
- **客户需求**：了解客户的具体需求和痛点，分成不同的需求组。
- **客户互动频率**：根据客户与你的互动频率，将其分成活跃客户、潜在客户和低频客户。
- **客户行业**：根据客户所属的行业进行分类，以便提供更专业的解决方案和建议。

我曾为一家提供云计算服务的科技公司提供咨询服务，协助其对客户进行精细分类，提高了销售效率，并优化了客户体验。

案例背景：随着越来越多的企业开始采用云计算技术，该公司的潜在客户群体呈指数级增长。单凭有限的销售人员，很难高效地覆盖和管理如此庞大的客户群。因此，决定对客户进行分类，以更好地分配有限的销售资源。

这个企业采用了4种客户分类方式。

- 按客户规模分类：根据客户企业的员工人数、年收入等，将其划分为大型企业、中型企业和小型企业三个层级。
- 按所属行业分类：深入研究不同行业对云计算服务的特殊需求，如金融业、医疗业、制造业等，为每个行业量身定制销售方案。
- 按现有IT基础设施分类：评估客户现有的IT基础设施复杂程度，为不同类型的客户提供不同的技术支持和迁移方案。
- 按采购决策周期分类：针对决策周期较长的大型企业客户，投入更多的销售资源和时间，为其提供多轮的需求评估和解决方案设计；而对于决策周期较短的小型企业，则安排高效的标准化销售流程。

通过对客户进行精细化分类，销售人员能够更高效地分配有限的时间和资源。对大型企业客户提供更专业、更个性化的服务，赢得了更多高价值订单；对小型企业则提供标准化的解决方案，降低了销售成本。根据行业定制相对标准化解决方案，提升了客户的购买转化率，整体提高了客户满意度，减少了因销售骚扰而为客户带来的不良体验。

这个案例很好地诠释了客户分类的重要性，展现了如何通过合理、高效的分类策略，在数字时代获得销售优势。

5.3.3 如何实施客户分类

那么，究竟如何对客户进行分类呢？我有以下几点建议。

首先，我们要对客户的行业、规模、采购能力和决策层级等基本情况有全面的了解。有的客户虽然很大，但决策链条长，很多时候前期接触的只是基层人员；而有的客户虽小，但实际决策者就在眼前，合作起来会更加高效。

其次，我们也要结合客户的采购习惯和偏好，对未来合作的意向和价值进行评估。比如，有些企业对技术要求特别高，我们的产品如果符合其标准，将来合作的可能性就很大；而有些企业则对价格和服务更为敏感。

再次，我们要关注客户目前所处的发展阶段。如果是一家正在高速发展的公司，未来不久就有可能成为一个大客户；而如果是一家正处于困难时期的公司，那短期内谈合作可能就会比较被动。

最后，我们要确定客户本身对潜在合作的诉求和期望是否切合我们的定位，以免谈下去发现彼此其实并不适配。

总的来说，我们要对客户的现状和潜力加以综合分析，然后给予类似 A/B/C 等级排序，将重点关注的目标锁定在那些 A 级优质客户上。当然，程序往往比理论更为复杂，具体操作中可能要因人因事制宜。

等级越高，客户黏性越高，对专业性、可靠性等要求越高，价格相对越不敏感

A 类 高价值客户
B 类 战略客户
C 类 示范客户
D 类 潜力客户
E 类 普通客户

等级越低，客户黏性越低，对专业性要求相对不高，对价格越敏感

比如，我曾遇到这样一个案例：当时我们接洽了一家规模虽小但背景不俗的公司，对方的老总亲自出马谈判，看似诚意很大。但在反复交涉的过程中我们发现，对方的要求太高、太过理想化，我们的产品能力很难满足，而且对方又处在一个比较迷茫的发展阶段，实际上谈下去风险很大。所以当时就做出了"暂缓合作并保持联系"的判断，不去主动营销，避免将来遭受大的挫折和损失。

在另一个案例中，我曾接洽一家当时还不太"显山露水"的中小企业。这家企业规模有限，谈判地位不占优，我们以为这是一个 E 级小客户。但在反复沟通后发现，对方对我们的产品服务需求强烈，而且它们已在新兴赛道上占据了一定的先机。在这种情况下，我们重新做出了判断：长期看，对方的发展潜力较大，值得继续深度开拓，于是给予了很多优惠政策，最终成功拿下了生意，为将来合作夯实了基础。

所以，结合具体情况对目标客户群做出恰当的分类和评判，可让我们的销售工作事半功倍。在数字时代，我们要学会突破传统思维，精益求精，关注重点客户，维系平常客户，挖掘潜在客户，最大化销售效率。

数字时代给了我们诸多获取客户资源的新渠道，但我们的时间和精力向来都是有限的。只有学会对客户分类，有的放矢，我们才能将有限的资源用在最关键的客户身上，从而真正提高个人和团队的工作效率，创造出更高的销售业绩。

5.4 个性化关系深化：持续赢得客户的四大策略

在这个日新月异的时代，客户对优质服务的渴望与日俱增。单一的标准化服务方案，已经无法满足消费者与日俱增的个性化需求。因此，个性化客户服务成为销售人员深化客户关系、赢得客户忠诚的法宝。那么，如何为客户提供高质量的个性化服务呢？

1. 深入了解客户：记录细节信息

作为销售人员，你需要仔细记录每一位客户的基本资料、购买历史、兴趣爱好以及常用产品和服务，时刻更新客户档案，确保信息的准确性。

在销售人员深化关系过程中，行业所采用的更普遍的手段是"打标签"，每一次互动及交付都给客户打上标签，做数据累积，以更好地了解客户以提升服务水平。

2. 提供定制化解决方案：满足客户的独特需求

如何为客户量身定制独一无二的服务呢？首先，个性化推荐是行之有效的方式。销售人员要基于客户的购买历史和兴趣爱好，精心推荐适合他们的产品和服务。例如，如果客户购买了一款智能手表，你可以为他推荐与之兼容的配件或相关的健康应用程序。通过这种别出心裁的个性化推荐，客户不仅能感受到你的体贴入微，更能发现更多贴合自身需求的产品，一箭双雕。

另外，定制服务是展现用心的绝佳机会。比如，有些客户可能需要个性化的培训服务，以熟练掌握产品的使用窍门；有些客户则可能更需要特别的售后支持，如定期上门维修或远程技术支持。通过这种"私人定制"，客户定能对你的贴心周到服务叹为观止，从而牢牢拴住他们的心。

3. 主动关怀客户：超越客户的期望

在深化客户关系的舞台上，真正出彩的销售人员不仅要精心准备好台词，更要用心演绎最动人的部分——主动关怀客户，超越他们的期望。

你要学会定期跟进，像一位细心体贴的朋友，时刻关注客户的需求。通过电话、邮件或社交媒体等渠道，主动与客户互动，了解他们在使用你的产品和服务时是否遇到任何疑虑或困难，并及时伸出援手。这种体贴入微的跟进，不仅让客户感受到你的重视，更能避免问题恶化，防止客户流失。

在深化客户关系中最应当体现的恰恰是人性的温暖和关怀。当你用心呵护每一位客户时，定能赢得他们的钦佩和信任，从而让你在激烈的竞争中脱颖而出。

案例：B2B 软件服务公司的客户关怀体系

某 B2B 软件服务公司（以下简称"软件公司"）主要为中小型制造企业优化生产流程和库存管理。尽管公司的产品在市场上拥有一定的竞争力，但为了提升客户满意度和忠诚度，软件公司决定采取更加主动的客户关怀策略。销售团队成立了一个专门的客户关怀团队，由销售人员、技术支持和客户成功经理组成，旨在从多个角度关注客户的需求和使用情况。

- ❏ 主动关怀：每月的第一个星期一，销售人员通过电话与客户的主要联系人进行沟通，了解其在使用系统过程中是否遇到问题或新的应用场景与功能；客户成功经理每季度会安排一次视频会议，深入讨论客户的业务目标和系统的应用情况，提供针对性的优化建议。

- ❏ 多渠道互动：通过邮件每月发送系统更新和新功能介绍，确保客户及时了解软件的最新动态；利用社交媒体平台定期发布使用技巧和成功案例，鼓励客户参与讨论和分享反馈；建立专属的客户微信群，客户可以在群里实时提问，以便客户得到快速的响应和支持。

- ❏ 预见性支持：销售支持团队会定期监测客户系统的运行状

态，并在发现潜在问题时，提前联系客户进行预防性维护；根据客户的使用数据，主动向其推荐适合的新增模块或功能，帮助其进一步提升业务效率。

邀请客户参加公司的年度用户大会，不仅提供最新的产品资讯，还安排行业专家进行演讲和圆桌讨论，增进客户之间的互动和交流。

通过上述主动深化客户关系行动，销售团队成功提升了客户满意度和忠诚度。具体表现为：客户流失率下降了25%。客户满意度调查评分提高了15%，由现有客户推荐的新客户数量增加了20%。

4. 持续改进服务：不断提升客户体验

在深化关系、追求卓越个性化服务的道路上，最后的关键一环就是持续改进，不断打磨服务质量。

茶颜悦色对公众号、官方微博，这些年轻粉丝聚集的地方，维护得都比较走心。每篇文章内容、排版都与品牌调性保持一致，与粉丝的互动也很接地气。好的或坏的评论，它们都会放出来，标准是"真实就好"。这种坦率，也与年轻消费人群的喜好一致。它们不仅会放出"差评"，每个月还会定期发布"食安自查报告"，直接通报检查的结果。对表现不好的门店，不仅"通报批评"，还公布食安隐患、整改要求，甚至是操作间的监控视频。这种"自曝家丑"的方法，不怕给品牌带来负面影响吗？"没什么家不家丑，这就是一种倒逼。如果你自己（员工）作为顾客，看你的行为，脸不脸红？"茶颜悦色高管吕良说，"与其别人'捅'出来，还不如我自己'捅'"。为了保持门店运营规范，它们有管理团队巡店、神秘人巡店，还有监控，发现问题就会曝光出来。

> 7月食安大事件
> **自查篇**
> 01
> 张家界七十二奇楼茶叶子店
>
> 时间 2023年7月15日
> 问题 水龙头滤网积碎屑石块，已扣除对应清洁分数并要求门店立即整改，日常运营过程中加强对水质的关注。
> 整改后图如下

　　销售人员虚心听取客户的宝贵反馈是改进的根基。为此，可以通过客户满意度调查、电话回访或社交媒体互动等渠道，谦逊地征求客户对你服务的真实想法和建议。这些中肯的反馈，将成为你改进服务质量、提升客户体验的重要参考。一旦发现客户对某个服务环节有不满的地方，你需要立即采取果断有效的改进措施，持续打磨，直至让客户满意。

　　我的一个客户是做生活美容生意的，之前用户在大众点评、小红书上针对店员及其相关行为给出评论和评价，他们就如大部分销售人员一样给出官方统一的形式化的回复。那些调性一致，没有任何情感元素的回答，体现出他们没有真心实意解决问题的态度。虽然认识到在线互动的评论会深度影响未来客户购买决策，但是销售人员并没有形成稳定流程与规范。为此我让他们全网寻找客户评论与互动回复的标杆,再组织内部学习临摹、抄写 3 个月。针对全网所有用户留言、评论或者期望互动的接触点进行拉网式回复评论,在互动中注入情感、温度与认真态度,为 200 多家全国分店持续带来了客户。

深化客户关系要靠个性化客户服务和支持。要实现这一目标,你需要做到如下几点。

- ❑ 记录细节信息,主动寻找客户的需求点,建立信任措施。
- ❑ 提供定制化解决方案,如个性化产品推荐和量身定制的培训服务等,满足客户独特需求。
- ❑ 主动照顾客户,定期跟进,及时解决客户疑虑和困难,超越客户期望。
- ❑ 虚心听取客户反馈,持续改进服务质量,不断提升客户满意度。

5.5　读懂客户人格风格,采取不同的关系相处之道

深化关系的关键在于快速有效区分客户人格与风格。

在销售的世界里,有一种常见的误解,那就是用一种方式与所有客户沟通相处。实际上,这是一个陷阱,会导致我们错失许多宝贵的机会。因为并非每个人都以相同的方式进行沟通相处。**不同的客户有着不同的需求和偏好,唯有针对这些差异采取相应的调整,才能真正走入客户的内心,促成销售与关系维护。**

从销售关系维护与市场沟通的角度,通过征询导向、指令导向、任务导向和人际导向的不同组合可以将客户分为四种不同类型:分析型、干劲型、亲切型和表达型。

征询导向的客户往往喜欢含蓄而间接地施加影响。他们更倾向于提问,喜欢用建议来引导,而不是直接告诉你他们的决定。相

反,指令导向的客户更为直接,毫不掩饰自己的情感和意图。他们倾向于主导对话,并确保话题不会偏离主题,且最终得出一个明确的结论。

任务导向的客户在表达情感时更加保守。他们的关注点往往集中在工作任务上,对他们来说,情感是次要的,只有在工作问题解决后,他们才会偶尔涉及私人话题。人际导向的客户则相反,他们喜欢自由坦率地表达自己的情感,更关注人际关系和与工作相关的情感。他们相信,只要建立了良好的人际关系,工作上的难题自然会迎刃而解。

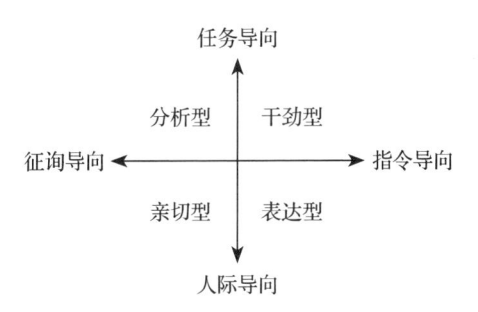

```
                任务导向
                  ↑
          分析型  │  干劲型
                  │
征询导向 ←────────┼────────→ 指令导向
                  │
          亲切型  │  表达型
                  ↓
                人际导向
```

5.5.1 分析型客户相处之道

分析型客户注重细节、逻辑和过程。 他们欣赏数据和事实,并希望在做出决定之前了解所有细节。要与分析型客户有效沟通,重要的是为他们提供足够的信息和数据来支持你的说法。准备好详细回答他们问题的内容,不要急于让他们做出决定。此外,你可以与他们探讨相关的研究和分析,帮助他们更好地理解你的产品或服务。

此类型的人通常是非常谨慎的,他们需要更多的时间来考虑所有的细节和可能的后果,才会做出决定。为了更好地与他们沟通,**你可以将你的想法和建议分成更小的部分,以帮助他们更好地理解**

你的观点。你还可以通过提供更多的案例来支持你的观点,从而使他们更容易接受你的建议。

此外,由于分析型客户更注重数据和事实,因此你可以在与他们的交流中提供更多的数据和统计信息。这将帮助他们更好地理解你的产品或服务,并更容易看到它们的价值和优势。你还可以将你的数据和信息分成更易于理解的图片和表格,以帮助他们更好地理解你的数据和信息。

最重要的是要记住,**与分析型客户进行交流需要花费更多的时间和精力**。但是,如果你能够为他们提供足够的信息和数据,并有足够的耐心,理解他们,你将能够与他们建立更好的关系,并最终获得更多的信任和业务。

分析型客户特征表

注意细节,深思熟虑,逻辑严谨,在权衡各个方案之前会认真倾听和分析各种信息。习惯让他人在社交活动中采取主动态度,喜欢有效、公事公办的工作方式。希望将信息以有逻辑的方式进行陈列。在商业决策中倾向于保守、务实,倾向于技术导向,看重有序的工作方式和基于事实的证据

语言和非语言信息	保守,矜持。手势很少,讲话适度。姿势和表情都比较正式严肃。善于倾听。讲话速度不紧不慢
工作风格	相对独立。采取有条理的工作方式
对于时间的态度	以客观的、有逻辑的方式处理事情。从容不迫地推进任务发展
对于完成任务的看法	对于得到结果的过程和结果本身一样看重
对于他人的态度	人际关系需要花时间去建立。他人在建立人际关系当中应当采取主动态度
工作中的自然优势	计划性和组织性
个人价值观	作为技术专家,通过正确的方式做出正确的决策来提升自身的威望。希望他人认可自己的工作结果和自己的专业技能
通常人们对分析型的人的误解	没有幽默感,感情淡漠

5.5.2 干劲型客户相处之道

干劲型客户非常注重结果，他们喜欢竞争，充满自信。他们通常追求目标，渴望冒险和挑战，并从成功中获得成就感。

与干劲型客户进行有效沟通，需要直截了当地表明你的产品或服务的好处，而不是浪费时间进行闲聊，或者接收与他们的目标无关的细节。因此，你需要清楚明确地说明你的产品或服务可以如何帮助他们实现目标，而且这种帮助与他们的目标是相关联的。为了在与他们交流时更好地吸引他们，你可以强调你的产品或服务的优点，并提供一些成功案例来展示你的产品或服务的价值。这些案例可以是之前的客户或者你的过往经历，这些经历可以与他们的目标相匹配，并吸引他们对你的产品或服务产生兴趣和信任。

此外，你还可以与干劲型客户分享一些经历或故事，通过这些故事来激发他们的兴趣并建立联系。如果你能够了解他们的目标和愿望，那么你可以为他们提供更多的建议和支持，同时也能够建立更深入的关系。因此，在与干劲型客户进行销售沟通时，**你需要更加自信和明确，并直接点明你的建议和产品的好处**，这样他们才能更好地理解你的观点，并相信你的建议和产品是值得投资的。同时，你需要保持耐心，因为干劲型客户往往会有自己的时间表，需要时间来考虑以及做出决定。但是，如果你能够在与他们沟通时保持耐心和理解，并提供足够的支持和建议，你将能够与其建立更好的关系，并最终获得更多的信任和业务。

干劲型客户特征表

公事公办，倾向于结果导向。喜欢对事情具有掌控权和主动权，喜欢迎接挑战，具有快速决力。能够有效协调与他人一起工作。对新的想法喜欢提出质疑，回应迅速。喜欢对他人的观点进行纠正、修改或者补充。坦率、具有责任感，善于推动和促成事情	
语言和非语言信息	严肃，举止严谨。手势不多。语速快，直接。语调变化少，经常只对重点进行强调

(续)

工作风格	独立
对于时间的态度	有效地使用时间,以获得想达成的结果
对于完成任务的看法	以尽可能短的时间获得最大的成果
对于他人的态度	人际关系很重要,但是排在第二位
工作中的自然优势	发起挑战和监督进展
个人价值观	在项目中希望掌控一些实际的资源,比如时间、预算、人员。希望在给予各种备选方案和可能性之后,做出自己的决定。期望被赋予更多的控制权
通常人们对干劲型的人的误解	由于他们关注事情本身并且克制自己的情绪,因而容易被他人认为不近人情或者固执己见

5.5.3 亲切型客户相处之道

亲切型客户通常是非常关心人际关系、合作和人情味的人。他们非常享受与人交往,且十分擅长建立联系。

要与亲切型客户有效沟通,你需要在交流中表现出温暖和友好,问问他们的看法,让他们感受到被重视,并帮助他们解决问题和关注点。这种类型的人通常非常善于与人沟通,所以他们也会非常关注你的态度和表现。

如果你想要与他们建立更深入的关系,那么你可以分享一些有关你们公司文化和价值观的信息,或者介绍一些有趣的话题来让他们更有兴趣与你交流。此外,你也可以尝试和他们一起参加一些团队活动,这样能够更好地了解彼此,同时也能够提高团队的凝聚力和活力。在与亲切型客户沟通相处时,你需要注意以下几点。

- **表现出温暖和友好**:亲切型客户通常非常关注别人的态度和表现,所以你需要在交流中表现出温暖和友好的态度。
- **提供支持和建议**:亲切型客户通常会关注别人的问题和关注点,所以你需要尽可能地提供支持和建议,以帮助他们解决问题。

- **分享有关公司文化和价值观的信息**：亲切型客户通常会关注公司的文化和价值观，所以你可以分享一些有关公司的信息来建立更深入的关系。
- **参加团队活动**：亲切型客户通常会喜欢参加团队活动，所以你可以尝试和他们一起参加一些活动，以加深彼此之间的了解。

亲切型客户特征表

安静、谦逊、乐于助人、热情，善于倾听，易于交往，喜欢与人打交道，乐于分担责任，注重合作，提供支持，乐于达成共识。对于决策需要大量数据证明，在决定前要进行民意调查，寻求认可。在考虑结果时注重人际关系	
语言和非语言信息	热情、友善和坦率。姿势放松，语速慢，声调愉快并柔和，表情坦率、急切
工作风格	需要他人配合
对于时间的态度	付出时间建立关系，以循序渐进的步调取得稳固的进展
对于完成任务的看法	最好的结果是通过大家一起合作得到的
对于他人的态度	人是任何工作中最重要的资产，精诚合作是做成任何事的最佳途径
工作中的自然优势	辅导和咨询
个人价值观	希望赢得他人的合作，希望成为团队中的一分子，重视他人的肯定，对他人有积极的影响
通常人们对亲切型的人的误解	过于关注关系，进展过慢，总是难以得到结果

5.5.4 表达型客户相处之道

表达型客户注重自我表达、创造力和视觉效果。他们通常喜欢尝试新鲜事物，愿意冒险并吸引注意力。

如果你想与表达型客户有效沟通，可以试着提供具有创意和视觉效果的信息。**他们更喜欢通过图表、图片、视频等方式来了解你的产品或服务。**因此，你可以使用这些工具，让他们更好地理解你的产品或服务，并且感受到你的创意和热情。如果你能够展示你的产品或服务如何对他们的业务产生积极的影响,那么表达型客户将更愿意与你建立联系和合作。

在对表达型客户进行销售时,你需要注意以下几点。

- ❑ **利用视觉效果**:表达型客户更喜欢通过视觉效果来了解信息,因此你可以使用图表、图片、视频等方式展示你的产品或服务。
- ❑ **提供创新和创意**:表达型客户通常对非传统的思维方式感兴趣,因此你可以提供一些创新和创意来吸引他们的兴趣。
- ❑ **分享创意和思考方式**:与表达型客户分享你的创意和思考方式,以便他们更好地了解你的专业领域和知识水平,并且更愿意与你合作。

通过了解表达型客户的特点,并相应地调整相处方式,你可以增加成功销售的机会,并与客户建立长期关系。

表达型客户特征表

进行友好的谈话,以自然的方式处理工作。着眼于未来,善于表达,相信直觉。愿意与他人分享想法、梦想和愿景。不怕承担风险。富有竞争力,充满活力。富有创造力,热情。喜欢有听众。有雄心、有抱负	
语言和非语言信息	精力充沛,热情。身体姿势开放,幅度较大。声音洪亮,语调富于变化。节奏快,有活力
工作风格	与他人一起共事
对于时间的态度	快速行动,但是得花点时间激发他人的热情,分享他人的愿景、梦想和想法
对于完成任务的看法	通过他人的参与共同完成目标
对于他人的态度	通过大家一起工作,让每个人的梦想得以实现,这一点非常重要
工作中的自然优势	善于激励和强化某项行为
个人价值观	希望能够在人群中脱颖而出,受到关注。希望自己是独一无二的,并能表现出卓越的领导力。重视他人对自己工作成绩的肯定、宣传
通常人们对表达型的人的误解	轻浮,对讲笑话的兴趣高于对工作问题的讨论。工作不认真

简而言之，通过了解与不同客户的相处风格，相应地调整关系相处方式，你可以增加成功销售的机会，并与客户建立长期关系。因此，了解客户的相处风格是一项非常重要的销售技能，可以帮助你在销售行业中获得更多的业务机会和更高的客户满意度。

5.6 高手的秘密：捕捉客户重要时刻以深化关系

在这个高度数字化的时代，销售人员面临的最大挑战之一就是如何在众多噪声中脱颖而出，真正赢得客户的认可与信任。而要实现这一目标，仅依靠推销产品和服务是远远不够的，你必须努力将客户体验个性化，与他们建立深层的个人联系。

正如人际交往一般，销售关系的深浅在很大程度上取决于你对"重要时刻"的把握。这些特殊的场景契机往往蕴藏着独特的情感能量，只要你能敏锐捕捉并给予恰当的回应，就能让关系更上一层楼。

让我们通过真实的案例，了解如何在节假日、生日、重大人生事件等场景中，通过真挚的个人化互动，深化与客户的情感纽带。

作为一名经验丰富的销售人员，Mary清楚地意识到，节日祝福所传递的情感温暖更能打动客户的心。因此每临近一个重大节日，Mary都会通过手写贺卡等方式，诚挚地向她的客户们献上美好的祝福。她的节日问候总是饱含创意和个人风格，不失幽默，你能感受到她对每一位客户的真挚善意。这种看似微小的个人化贺卡，对于双方关系的深化可是有着巨大的推动作用。在商业世界的激烈竞争中，一份发自内心的节日祝福就犹如一股清泉，令人精神振作。

Mary 的节日祝福行动

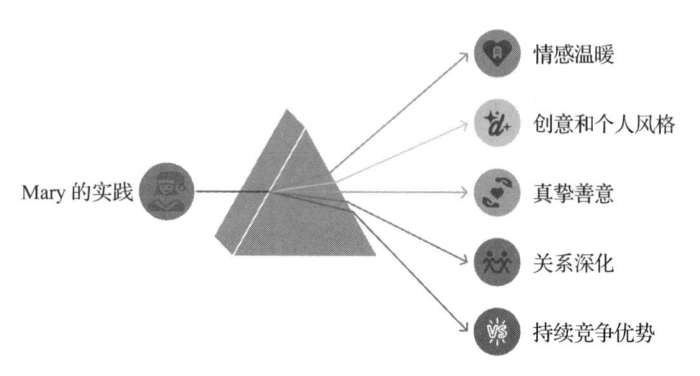

- 情感温暖
- 创意和个人风格
- 真挚善意
- 关系深化
- 持续竞争优势

Mary 的实践

每个人的生日都是一个特殊而又充满仪式感的日子。客户的生日也是你与他深化关系、增进感情的好时机。我们都曾在生日时收到过祝福和礼物，内心自然会涌现一种被重视和被关爱的温暖感受。正是抓住了这种宝贵的情感时刻，你才能不断深化与客户的个人联系，超越单纯的商业利益。

对于优秀的销售人员来说，除了节日和生日，客户生命中发生的重大事件同样是深化关系的绝佳机会。比如，客户换了工作、迎来新生命的加入等，只要你能敏锐捕捉并及时回应，就能获得客户的由衷感激。

我的朋友老严是行业有名的销冠，他的成功营销之道就在于对客户个人大事的高度重视。无论是客户换工作、获得晋升，还是新婚、孩子出生，老严总是第一时间通过电话、微信或专门的贺卡向他们表达诚挚的祝福。他的个人化互动从来不是生硬的客套话，而是真心祝愿。让客户感受到，老严不单单是在销售产品，更是与他们并肩共同见证人生的重大时刻。

正是这份对客户生活的高度关注，这种超越商业关系的真挚善意，让老严在客户心中树立起独一无二的良好形象。在客户心中，老严不仅是一位出色的营销人员，更是一位值得信赖的知心朋友。

数字时代，销售人员要牢牢抓住与客户建立真挚友谊、深化个人关系的机会，这既是一种独特的竞争优势，又是赢得客户信任与忠诚的重要基础。销售人员要做到如下几点。

第一，作为销售人员，你需要时刻保持对客户生活的高度关注，捕捉那些值得纪念的重要时刻。随着 AI 技术的普及，销售人员有了更强大的工具来监测和理解客户的行为。例如，AI 可以通过分析客户的行为数据，预测其购买意图或生活中的重大事件。举个例子，AI 可以通过分析社交媒体动态、邮件互动频率以及浏览记录，发现客户即将迎来职业变动或个人生活的变化。你只需在恰当的时机送上个性化的问候和关怀，就能迅速拉近与客户的关系。

第二，你必须怀揣由衷的善意和热忱。仅仅为客户送上简单的祝福语是远远不够的，你需要真心实意地思考如何以最贴心的方式，将你的个人化祝福传递给客户。这也许是一份精心挑选的礼物，也许是特意亲自前往献上祝福，总之要让客户感受到你的用心良苦。

第三，通过数字礼品传递温暖的新方式。在数字时代，礼物不再局限于实体物品。创新的数字礼品可以成为传递关怀的新途径。例如，个性化数字艺术品，利用 AI 生成的独特数字艺术品作为生日或节日礼品，每一件都是独一无二的。再如，智能体验礼券，可根据客户的兴趣，赠送定制的在线课程、虚拟音乐会门票或者数字化的体验活动。

第四，利用 AI 辅助写作，提升关系沟通质量。AI 不仅可以帮助我们决定何时与客户联系，还可以帮助我们提升沟通的质量。AI 可以分析你的草稿，提供建议以增强文字的情感共鸣，确保你的信息既专业又富有人情味。基于客户的背景和喜好，AI 可以协助生成个性化的祝福语或者感谢信，让每一次沟通都独具特色。

毫无疑问，在这个冷冰冰的商业世界，一股暖流正是你独特的竞争优势所在。销售人员需要在数字工具的帮助下，深入客户的生活,捕捉每一个重要的时刻,并通过个性化、情感化的互动建立起超越商业利益的关系网。通过善用 AI 驱动的数字化销售工具,销售人员将不仅成为客户信赖的商业伙伴,更会成为他们生活中重要的一部分。

5.7 点赞评论的力量:社交媒体互动的艺术

作为销售人员,我们当然希望与客户建立良好的关系,而不只是进行简单的买卖交易。在互联网时代,社交媒体成为我们拉近与客户距离的绝佳平台。

在微信朋友圈类社交媒体上点赞、评论,是销售人员与客户加深感情的有力手段。你想象一下,如果一个客户在社交媒体发布内容,你恰当地给予关注和评论,是否会让客户对你留下良好印象?是否会让他觉得你是真心关注他的生活和想法?相比漠不关心的销售,客户自然更愿意与你保持适度的联系。

过往给三一重工、中石化、某银行金融部等机构做咨询培训时,我已经在训练销售团队写出走心评论以持续维护客户关系。在 AI 大模型时代,你也可以通过 AIGC 的辅助帮助你生成相关互动内容。

假如你是一位大客户销售负责人,现在与你对接的关键决策人在朋友圈发了一张照片,正在专注为他的新书签名。现在请你帮我写一条走心的评论,能拉近我与王处长的关系,又不显得突兀与唐突,请给我 10 条评论。

1. "王处长真是多才多艺,能写出这样的好书让人佩服,等不及要拜读了!能有机会得到签名本,真是无比荣幸!"
2. "看到您认真签名的样子,深感敬佩。您的新书一定会成为行业的风向标,期待学习!"
3. "王处长为书而忙,真是令人敬仰。能亲眼见证您在学术上的投入,受益匪浅!"
4. "从签名的细致认真中,更能感受到您对这本书的深厚用心,期待阅读后的启发!"
5. "王处长不仅在工作上严谨卓越,出版新书更是体现了深厚的积累,祝新书大卖!"
6. "您的新书无疑是智慧的结晶,看到这张照片更能体会到您的付出与坚持!"
7. "能写这样的好书签名,真是精英中的精英!迫不及待想看读本书带来的深刻见解。"
8. "书如其人,王处长的作品一定如您一样睿智与独到。十分期待!"
9. "看得出您对每一位读者的尊重与用心,签名的态度令人敬佩,新书必火!"
10. "新书签名满满诚意,像您一样认真做事的人,书中的内容必定精辟透彻!迫不及待想学到您的智慧。"

因此，关键就在于如何精准、自然地在社交媒体上互动。那么有哪些实践技巧呢？

首先，做到有的放矢。不要盲目在每个客户朋友圈留言，那样不但费力，而且让人觉得虚假做作。我们要聚焦重点客户，针对他们的兴趣爱好和生活状态来点赞、评论。比如，一个对美食有兴趣的客户晒了一顿大餐，你可以发表"看起来真是美味！做东西的手艺了得"这样的评论。

我的一位资深销售学员就善于在朋友圈互动。她的一个客户是狂热的旅游爱好者，经常在朋友圈晒游记。有一次这位客户分享了一组在泰国清迈的照片，她便留言"泰国的寺庙古朴雄伟，佛教文化也令人敬佩。祝旅途愉快，下次组团一起去西藏吧！"客户对此并不感觉突兀，还感到有一些亲切。

其次，评论时要注意语气和分寸。我们与客户互动，目的是维系感情，而非制造噪声。评论时保持亲和、幽默、正面的语气很重要。不要太过做作和奉承，也不要说一些敷衍了事的话，那样会让人觉得假惺惺、虚情假意。我们要真诚地关注客户，并发自内心地给予回应。

再次，注意与客户的互动要因时因地制宜，时间把握得当。比如，在工作日的白天，大家都很忙，你要克制一下。但到了晚上，客户们就比较从容，你可以适当地多一些互动。再如，在节假日期间，客户们比较空闲，你可以趁机与之多聊几句。总的来说，学会把握好时间节奏，互动就会事半功倍。

最后，还要注意互动的分寸和节奏。毕竟你的本质身份是销售人员，不能过于唠叨啰唆，也不宜对每一条朋友圈动态都留言评论，那会让人反感。要学会"张弛有度"。一段时间保持适度互动后，也要给予客户喘息空间，让他们有私人空间，不至于觉得受到打扰。

实践案例：王丽是一名高端家居产品的销售代表。她通过微信朋友圈与客户保持联系，经常关注客户动态，适时给予点赞和评论。有一天，王丽在朋友圈看到她的客户李先生分享了一张他新装修的客厅照片，并附上了"终于完成装修，家里焕然一新"的文字。王丽迅速在朋友圈点赞，并评论道："新家看起来真是漂亮！装修风格很独特，特别喜欢这个落地灯的设计。恭喜新居落成，祝住得开心！"

李先生看到王丽的评论后，非常高兴地回复："谢谢你的夸奖！这盏落地灯是我最喜欢的部分。"王丽借机进一步互动："最近新推出了一款与您家风格非常搭配的沙发，如果有兴趣，我可以给您介绍一下。"李先生对此表现出兴趣，并约定了线下店面见面聊。通过这次互动，王丽成功地与李先生建立了更紧密的联系。不仅在情感上拉近了距离，还成功促成线下见面，最终达成了一笔价值不菲的销售。

通过微信朋友圈进行互动，销售人员应关注客户，适时给予回应，并利用节假日等客户较空闲的时间进行适度互动，从而在不打扰客户的前提下增加销售机会。

简而言之，以微信朋友圈为代表的社交媒体互动是维系客户感情的重要方式。我们要真心关注客户生活，发自内心地点赞评论，用正能量回馈他们分享的点滴。要把握好分寸，不要过于做作浮夸，也不要冷淡疏远。只有达到适度，才能与客户建立良好的沟通氛围。相信这种感情投资，终会在未来的业务合作中收获回报。

5.8 避免打扰但保持联系：王成的客户维系完全攻略

深化客户关系，无论是对老客户还是潜在客户，都是一个常见的挑战。特别是当客户的购买需求尚未明确，但他们显然是优质客户，且未来很可能会有购买需求时，如何维持这些关系呢？为了更好地解释这一点，我想用王成的案例串起整个内容。王成是一位经验丰富的销售，深谙客户关系的维护之道。

5.8.1 通过社交媒体建立初步联系

选择适当的社交媒体平台是第一步。不同的社交媒体平台适用于不同的目标客户群体。行业垂直论坛、社群、Linkedin类网站是B2B销售人员的首选，因为这些都是专业人士的聚集地。而对于B2C销售，微信、微博、抖音、小红书等则是不错的选择。

实践案例：王成的首次接触

王成与客户的首次接触是在9个月之前，当时他们在行业垂直社区论坛上简单地聊了几分钟。他认为他销售的系统可帮助客户在营销渠道中取得更大收益，并提高客户们在广告上的投资回报率。他的第一通电话处理得十分漂亮，所以客户同意让他做一次产品展示。

王成通过评估认为这个客户是值得长期跟进的潜在大客户，为此他开始适度维护客户关系，以便未来将其转化为长期大客户。

王成在行业垂直社区论坛上与客户建立了联系，并成功地安排了初次的产品展示。这是他迈出的第一步。他充分利用行业垂直社区论坛平台优势，在合适的时机向客户展示了他的产品。

5.8.2 利用多种渠道保持定期联系

社交媒体只是开始，接下来需要利用多种渠道保持定期联系，包括电话、电子邮件、短信和社交媒体。不同的渠道可以互补，增强客户对你的印象。

实践案例：王成的多渠道策略

王成每个季度都会给客户打电话，了解客户正在进行哪些项目，并试探客户购买意愿。作为对电访的补充，他还会利用邮件和手机短信向客户发送一些高质量报告的链接和一些他们公司的与客户有关的产品更新情况。

王成的策略很明确：定期通过多种渠道与客户联系。这种方法不仅让他保持在客户的视线内，还让客户感到他的关注和重视。不同的渠道有不同的优势，电话可以直接沟通，电子邮件适合详细介绍，短信则可以快速传递信息，社交媒体私信则更为个人化。

5.8.3 提供有价值的信息

无论是电话、电子邮件还是私信，关键都是要向客户提供有价值的信息。了解客户的兴趣和需求，提供相关的行业报告、文章和行业趋势，而不是直接推销产品。这不仅能增加你在客户心中的价值，还能避免一直打扰客户。

实践案例：王成的私信战术

王成的私信战术十分高明，他用短信发送的都是最有价值的信息。由于他了解客户的兴趣和客户的公司，他经常用短信向客户发送一些与客户息息相关的文章链接，这些文章大部分都与他的产品毫无关系，但对客户来说却很有价值。每当收到这些短信时，客户都会回一句"谢谢"。

正是因为王成的信息对客户有价值，他与客户的互动变得更加自然和有质量，从而建立了更深的信任。这种方式不仅避免了直接推销的尴尬，还让客户感受到了真诚和专业。

5.8.4 在社交媒体上互动

除了私信，公开的互动也是建立关系的重要手段。关注客户的社交媒体动态，点赞、评论、转发他们发布的内容，展示你的关注和兴趣。这样不仅能增加你的曝光度，还能让客户感受到你的支持和认可。

实践案例：王成的社交媒体互动

王成还在微博上关注了客户，并转发和收藏客户发布的信息。他还不时地发条短信过来告诉客户他很喜欢客户的某篇文章或客户在朋友圈上的观点。

这些公开的互动进一步增强了他与客户之间的联系，也让客户对他产生了更深的好感。通过在社交媒体上积极互动，王成展示了自己的专业性和人性化的一面，可以进一步拉近与客户的距离。

5.8.5 真诚且个性化的沟通

无论是通过私信还是公开互动，都要确保内容真诚、与对方有关且没有任何直接的推销语句。你的目标是给潜在客户一个与你谈话的理由，让对方觉得自己受到重视。

实践案例：王成的个性化祝贺

如果你的私信内容让对方觉得自己受到重视，那也会发挥良好作用。比如，你可以向最近升职或获得奖项（荣誉）的客户发送一条简短的祝贺信息；也可以在短信中赞美他们最近的观点、制作的某个视频或他们在社交媒体上发布的有趣信息。

通过这些个性化的沟通，王成不断加深与客户的关系，让客户始终记得他和他的公司。这样的沟通不仅增加了客户对他的好感，还能促进与客户更深层次的交流。

5.8.6 保持适度频率，避免打扰客户

与客户保持联系是必要的，但频率要适当。与客户过于频繁地联系不仅不会增加好感，反而会让客户感到厌烦。你需要根据客户的反馈和互动情况，灵活调整联系的频率。

合理安排联系频率的建议如下。

- ❏ **季度性更新**：每季度与客户进行一次详细的业务讨论，了解他们的最新需求和项目进展。
- ❏ **节日和重要日期问候**：在客户生日、公司周年纪念日等重要时刻，发送简短而真诚的祝贺信息。
- ❏ **不定期分享有价值的内容**：根据客户的兴趣和行业动态，不定期地分享相关的有价值内容，但不要太频繁。

实践案例：王成的适度联系

王成每个季度都会给客户打电话，并在重要的节假日发送祝福邮件。这种频率让客户感到舒适，并且不会觉得被打扰。

王成的做法体现了适度联系的重要性。通过在关键节点上联系客户，他既能保持存在感，又不会让人感到厌烦。这种策略对于销售人员来说尤为重要，既能维护客户关系，又能避免过度打扰客户。

简而言之，通过社交媒体等多种平台与客户保持联系和培育销售线索，需要销售人员具备敏锐的洞察力和持续的耐心。王成的案例展示了一个成功的策略：平和且持续多渠道的联系、提供有价值的信息、真诚且个性化的沟通、联系频率适度。这些策略不仅帮助他保持了与客户的联系，还最终促成了销售。对于所有销售人员来说，王成的案例是值得借鉴和应用的。

客户维系策略	具体措施	适用渠道	核心优势
通过社交媒体建立初步联系	选择适合的社交平台进行初步互动，展示产品价值并寻求进一步沟通	行业垂直论坛、Linkedin（B2B）、微信、小红书（B2C）	通过目标平台触达潜在客户，有效引导客户初次互动
利用多种渠道保持定期联系	通过电话、邮件、短信和社交媒体等多种渠道进行定期联系和更新	电话、邮件、短信、社交媒体私信	不同渠道相互补充，持续保持客户关注，增强存在感
提供有价值的信息	发送与客户兴趣相关的行业报告和文章，避免直接推销	短信、邮件、私信	提供专业知识，避免销售压力，增强客户信任

（续）

客户维系策略	具体措施	适用渠道	核心优势
在社交媒体上互动	关注并公开点赞、评论、转发客户的社交媒体内容，增加互动	社交媒体动态（微博、朋友圈、Linkedin等）	提升曝光度，展示对客户的关注和支持
真诚且个性化的沟通	针对客户个性化的需求和情况进行沟通，避免推销语句	短信、私信、公开互动	提升客户好感，增强情感联系，塑造信任感
保持适度频率，避免打扰客户	每季度联系客户，节假日发送祝福，不定期分享有价值的内容	电话、邮件、短信、社交媒体	维持适度频率，避免客户感到被打扰

5.9 科技赋能深化关系：CRM系统带你走向巅峰

你有没有发现，很多销售佼佼者的身边总会伴随着一个贴心小助手——CRM系统。你千万不要小瞧它的能耐，它能帮你掌控每个客户的一切资料，联系方式、购买史、沟通记录无一遗漏。它能给你一张详尽的"地图"，助你对客户的需求了如指掌，从而量身打造个性化的服务与支持。

链家地产是低频高价值产品购买撮合平台，房屋销售代理人需要有效了解买家、卖家才可以完成订单。为开发CRM系统时，在客户分组与标签化上以代售房源为基础，将买卖双方行为数字化。每一次房屋销售代理人带客户去看房，买卖双方的聊天内容、议价的关注点与结果、卖家售房意愿与心里低价等信息都必须填入系统，为后面更为有效地撮合交易奠定基础。

CRM系统有一个智能化利器——自动化工具。有了它，能让你拥有成千上万个"分身"，帮你高效完成各种重复性工作。比如，利用智能邮件系统，你可以定期为客户发送个性化问候与推荐，让他们时时刻刻感受到你的用心与专业。这个简简单单的技术手段，为销售效率加了把"火"，更让客户对你赞不绝口。

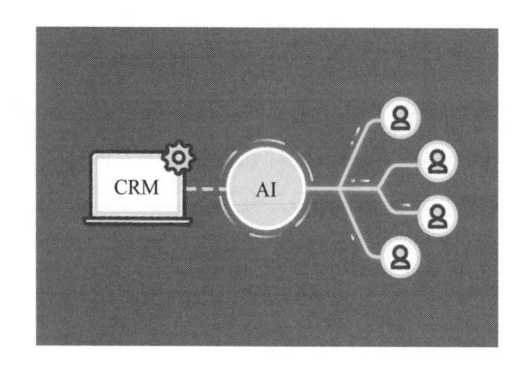

案例来自一家知名的高端珠宝品牌。过去，他们的销售团队面临着一个挑战：如何在繁忙的工作中，仍然保持与高价值客户的密切联系？他们发现，很多客户在购买昂贵的珠宝后，容易在一段时间内淡出视线，错失了后续营销的良机。

通过引入 CRM 系统，团队开始系统地跟踪每一位客户的购买记录、生日、喜好等数据。销售人员只需在系统中标注客户的关键信息，CRM 系统就会自动提醒他们在适当的时候主动联系客户。更重要的是，他们将 CRM 系统与自动化营销工具相结合。凭借智能邮件系统，客户在生日当天会收到贴心的祝福，并获得专属优惠；在重要节日前夕，会收到精心策划的个性化产品推荐。这些个性化的互动无疑增强了客户的黏性，也让客户深刻地体会到销售人员的用心。

此外，CRM 系统还帮助销售团队高效管理商机。当有新的高价值客户到店时，系统会自动将他们的资料分配给空闲的销售顾问，确保每一个潜在商机都得到高质量的跟进服务。凭借 CRM 系统和自动化工具，该珠宝品牌的高价值客户重复购买率大幅提高，客户终生价值也得以巩固。

可就当我们在 CRM 系统上积累了大量数据后，这位小助手还会变身为"厉害数据分析师"，帮你对客户特征与行为模式进行多维度分析与深度挖掘。根据地理、年龄、购买习惯等，将客户区分为不同的细分群体。这项工作可谓是关键的，因为只有精确识别和区分不同客群，我们才能因材施教，为他们量身打造与众不同的服务与销售策略，否则将难以对症下药，努力的结果也将大打折扣。

之前辅导过一个客户，他开始时的策略就是"摊大饼"，投入产出严重不成正比。在我的建议下，他重新学习运用 CRM 系统的客户分析能力。经过数月的努力，终于将原本混乱的客群，细分为 20 多个独立精准的小群体，并针对每一个群体，量身打造个性化的营销对策。最终，他的整体销售效率达到过去的 3 倍以上，让客户对 CRM 系统这位"多面手"刮目相看。

除了数据分析，CRM 系统还能帮我们建立一套精准的客户关系预警机制。借助对历史数据的机器学习，它能为我们预测某些客户的流失风险，或发现新的交叉销售机会，从而引导我们及时采取行动。

我有一个朋友，他在一家创业公司担任销售主管。那时公司的客户流失率居高不下，让业绩遭受重创。在引入 CRM 系统预警分析后，他们终于发现之所以出现很多"逃客"，都是因为没有及时跟进服务，存在隐性需求未被满足的情况。获知这一发现，他们随即升级客户服务流程，将风险预警与个性化服务提醒结合，很快就让客户留存率明显改观。

CRM 系统就是一个"多面手"，它虽只是一个工具，但确实是时代洪流中销售人员的"救生圈"。驾驭它，将其真正融入销售业务之中，是每个销售人员的必修课。

5.10 化解客户投诉的艺术：如何赢得客户忠诚

在这个移动互联网的时代，客户的抱怨和不满往往会展现在数字渠道上。一则讽刺性的消费者差评，瞬间就能在网络空间里疯传,给企业和销售人员的声誉带来致命打击。

因此,了解如何通过数字渠道高效管控客户投诉,妥善化解矛盾,乃至赢得本应流失的不满客户,已然成为每一个销售人员的必修课。

为此,我将以资深销售人员 Susan 及其团队为样板来讲述周密的应对方略,通过精准的预警、高效的调解及有的放矢的补救措施来对待客户投诉。

1. 预警与主动权先行

Susan 深知客户的投诉往往会经历由小及大的升级过程。一开始只是小小的怨气,如果得不到及时回应,就会在网络上迅速放大,甚至发展为舆论危机。为了紧抓主动权,她通过舆情检测软件,每天动态感知客户不满的苗头。

一旦发现蛛丝马迹,她就会立刻以富有同理心的方式回应。比如,某客户在某 App 留言区抱怨新品的价格过高,Susan 便会耐心解释定价考量因素,并诚恳征询客户对于合理价位的建议。通过这种主动倾听客户心声的做法,他们扑灭了一把把被孕育中的"火苗"。

2. 实时调解与缓冲矛盾

即便做了充分的预警,偶有客户投诉在网络上发酵的情况也在所难免。对此，Susan 的做法是迅速对症下药，切断矛盾的传播通路。

比如，有一次一名不满客户对 Susan 在卖的产品狠狠贬低了一顿。在言语激烈并开始影响大众舆论时，Susan 通过私信与对方展开一场平和且专业的讨论。她耐心倾听对方的抱怨，虚心求教并寻求解决方案，直到对方逐渐冷静。最终双方不仅达成了和解，更一起商定了积极的处理方法。

这种耐心讨论、缓和矛盾的手法令人叹服。它既化解了客户的愤怒，又赢得了他们的信任，达到化解冲突的目的。

3. 精准补救与主动赔付

即便化解了投诉，也并不代表问题就完美解决了。对于遭受了切实损失的客户，Susan 深知理应主动做出补救。

比如，有一次，部分客户对新产品的质量明显不满，原本只是有一点怨气，却被社群放大，甚至一度引发轩然大波。Susan 没有止步于化解抱怨，而是敏锐意识到团队应该为此事负起责任，随即推出了一系列善后方案。她一方面安排了无偿的产品更换服务，另一方面主动给予了现金赔付。

原本被削弱的认同感，就这样在 Susan 的举措下重新回归。有些客户甚至主动在社交平台为 Susan 的产品正名。

4. 转化忠诚与持续服务

不少人都以为，只要客户的投诉得到圆满解决，一切就都尘埃落定了。但 Susan 坚持认为，真正的胜利是要让这些曾一度陷入失望的客户重新产生信任。

因此，在补救措施之后，Susan 还会主动加强与不满客户的联系，持续为他们提供增值服务和关怀。比如不定期发放优惠券、组织客户培训、发布专属内容等。她的原则是把客户当作亲密伙伴，而不是将他们视为解决了纠纷就可以再也不管的客体。

正是这种细腻入微的服务意识，让很多曾一度愤怒不平的客户，最终重新对 Susan 产生深深的认同感。

由此可见，优秀的销售人员并不惧怕投诉，而是将它视为一种宝贵的机遇。通过精准的预警、灵活的调解、主动的补救以及持续的服务，销售人员能够将危机化作和解的契机，进而赢得客户的支持。

处理客户投诉，需要销售人员具备过硬的专业素养、高超的情商和服务意识。如 Susan 那样，在数字时代游刃有余地运用各种数字渠道，预判风险、化解矛盾、主动补救，并持续给予真诚服务，才是深化客户关系、赢得良好口碑的不二法门。

第 6 章

发展自我：AI 时代持续精进与跃升

我们正站在一个前所未有的转折点上：那些固守传统销售模式的人将逐渐被淘汰，而能够拥抱变革、不断学习的销售精英将在这场变革中脱颖而出。

本章将带你深入探讨如何在 AI 时代持续发展自我。我们将讨论为什么"发展自我"是 4D 销售方法论中不可或缺的一环，如何制订切实可行的自我提升计划，以及在哪里寻找最优质的学习资源。更重要的是，我们将分享如何将新学到的 AI 技能无缝融入日常销售工作中，让你真正成为一名"AI 赋能的数字销售顾问"。只有不断进化的销售人员，才能在这个充满机遇与挑战的新时代中，真正成为客户心中不可替代的顾问和伙伴。

6.1 为什么"发展自我"是关键

在 4D 销售方法论中,"发展自我"是一个不可或缺的组成部分。它与定义个人品牌、传递内容和深化关系并驾齐驱,共同构成了 AI 时代销售人员的成功之道。然而,"发展自我"的重要性往往被低估,实际上,它是确保销售人员能够穿越周期、持续发展并应对新环境要求的关键所在。

为什么我要特别强调"发展自我"如此重要?主要是基于以下几点考虑。

- **适应性和弹性**:AI 时代的销售环境变幻莫测。今天热门的产品或策略,明天可能就已过时。持续的自我发展能够培养销售人员的适应性和弹性,使他们能够从容应对市场的突变。

- **与时俱进的知识储备**:客户越来越精明,他们期望销售人员不仅了解产品,还能洞悉行业趋势和最新技术。通过不断学习和自我提升,销售人员可以始终保持具有知识的前沿性,在与客户交流时游刃有余。

- **技能的多元化**:AI 时代需要全方位的销售人才。除了传统的沟通和谈判技巧,数据分析、内容创作、社交媒体运营等新兴技能也变得越来越重要。自我发展让销售人员有机会拓展技能版图,成为多面手。

- **心理韧性的培养**:销售工作充满挑战和压力。自我发展不仅关乎专业技能,还包括心理健康和情绪管理。通过持续学习和成长,销售人员可以培养更强的心理韧性,以积极的态度面对挫折和失败。

- **创新思维的激发**:自我发展过程中接触到的新思想和新概念,往往能激发创新思维。这使得销售人员能够为客户提供更有创意的解决方案，创造独特的价值主张。
- ❑ **长期职业规划**：在 AI 可能取代某些销售功能的背景下，持续的自我发展为销售人员提供了职业发展的多种可能，比如，向管理层晋升，或转型为行业顾问或培训师。

在 AI 时代，销售不再仅仅是一份工作，还是一个需要不断进化和适应的职业。通过持续的自我发展，销售人员不仅能够在当前的市场中保持竞争力，还能为未来的职业发展奠定坚实的基础。在这个变革的时代，唯有不断学习和成长，才能真正做到"境变，人自变"。

用一句话来表达：**最好的投资就是投资自己。因为无论环境如何变化，你所具备的学习能力和适应能力，永远是你最宝贵的资产**。

6.2 制订 AI 时代自我提升行动计划

在这个 AI 时代，销售行业的游戏规则发生了翻天覆地的变化。作为一名销售人员，我们需要与时俱进，不断学习新技能、提升自我。而要真正做到持续进步，单单参加一些培训是远远不够的，我们必须制订并执行一个切合自身的个人发展计划。

1.对自身现状进行全面评估

首先，进行全面的自我评估，了解自己的优势、劣势以及职业目标。我们需要审视自己在传统销售技能方面存在哪些短板，比如销售话术、案例分析、沟通谈判、方案设计、客户维护等，有哪些需要继续加强和精进。同时，我们也要清晰地认识到，在 AI 时代，自己在新型技能上存在哪些短板，比如数据分析、AIGC 工具运用、内容营销，以及现有的能力水平。

我们还需要对自身的职业发展方向有明确的定位。比如，是希望朝着销售策略、数据分析等技术岗位转型，还是计划继续深耕销售一线。对于不同的职业方向，所需掌握的核心技能自然也不尽相同。

另外，对自己的现状做一个全面和客观的评估，是制订个人发展计划的重要前提。

问自己以下几个问题：

❑ 我的核心技能是什么？
❑ 在 AI 时代，哪些技能是我需要提升的？
❑ 我的职业目标是什么？短期和长期的目标各是什么？
❑ 当前的职业路径是否能帮助我实现这些目标？

自我评估可以帮助你明确自身的现状和未来的发展方向。

2.设定明确的目标

在明确了自身状况后，我们就需要基于预定的职业发展方向，为自己设立一些具体、可衡量、可实现、相关性强且有时间限制的目标（SMART 目标）。不能只盲目地将"提高销售业绩"设为目标，而是要量化为"在 ×× 时间内，将业绩提升 ××%"。

比如，如果你希望成为行业内知名的销售自媒体人为例，那么你的核心技能将集中在内容创作、视频剪辑、社交销售等方面。对应的目标就是：①学习拍摄剪辑技巧，并坚持每周输出 3 个短

视频；②订阅 5 位内容创作大 V 的付费专栏，研习内容创作技巧；③加入相关社群，与同行互动交流，不断学习新动向。

示例：
- 在未来 6 个月内，学习并掌握 AI 驱动的销售全流程。
- 每月阅读 2 本与销售、AI 相关的书籍。
- 参加至少 3 次行业研讨会或培训课程，提升自己的专业知识。

这些明确的目标可以为你提供清晰的行动指南和动力。

3.制订详细的行动计划

有了确切的目标之后，我们就要进一步将其分解为一个个可操作的任务，并拟定具体的行动方案。

如果你的目标是在 6 个月内学会 AI 驱动的内容创作甚至是每月阅读 2 本与销售、AI 相关的书籍，那么你可以将之分解为以下几个阶段性任务。

目标 1：学习并掌握 AI 驱动的内容创作。
步骤 1：选择一个合适的 AIGC 工具（1 周）。
步骤 2：完成 AIGC 相关课程学习并实践（3 周）。
步骤 3：在工作中使用 AIGC 工具，并记录使用心得（4 周）。
步骤 4：定期与同事分享使用经验，持续改进（持续）。

目标 2：每月阅读 2 本与销售、AI 相关的书籍。
步骤 1：列出阅读书单（1 天）。
步骤 2：每天在固定时间阅读，至少 30 分钟（持续）。
步骤 3：记录阅读笔记，并与同事讨论（每月）。

4.定期回顾和调整

定期回顾自己的进展，评估目标达成情况，并根据实际情况进行调整。例如，每月或每季度进行一次全面回顾，检查自己是否达到了预定目标，哪些地方需要改进。

在AI时代，销售人员需要不断学习和适应变化。通过制订和执行详细的个人发展计划，你不仅能提升自己的专业能力，还能在激烈的竞争中保持领先。

6.3 销售人员自我发展的方向与新必修课

AI时代销售人员学习什么？向哪发展？

现在，让我们彻底抛弃"销售员"这个已经过时的头衔。在AI时代，你的身份是"AI赋能的数字商业顾问"。这不是文字游戏，而是对你角色本质的重新定义。AI可以在毫秒间处理海量数据，生成精准的客户画像，甚至预测客户购买倾向。但AI不能理解人性的复杂，不能建立真正的信任关系，更不能进行创造性思考。这就是你的立足之地。

你需要学会的第一件事，就是如何与AI协同工作。这不仅是学会使用几个AI工具那么简单。你需要深入理解AI的工作原理，知道如何提出正确的问题，如何解读AI给出的答案，更重要的是，如何将AI的输出转化为有价值的商业洞察。

具体来说，你需要做如下事情。

（1）发展"提问的艺术"，学会如何引导AI生成最有价值的输出。

（2）掌握主流AI销售工具的使用，如Salesforce、DeepSeek等新工具。

（3）学习基础的机器学习概念，理解预测模型、自然语言处理等技术的原理。

（4）培养数据思维，能够快速分析和解读复杂的数据报告。

AI是你的得力助手，而不是你的替代品。真正的高手，是那些能够将AI的效率与人类的创造力完美结合的人。

6.3.1 跨界学习：打造你的"T形知识结构"

在 AI 时代，只拥有单一领域的专业知识远远不够。你需要构建一个"T型知识结构"：在销售领域深耕的同时，广泛涉猎其他相关领域的知识。为什么？因为你的客户不仅需要一个产品推销员，还需要一个能够理解他们整体业务挑战的顾问。

```
技术知识  商业战略  心理学  行业知识  数据科学等
                      │
                      客户拜访
                      谈判技巧
                      产品演示
                      关系维护
                      销售技巧
```

你需要学习的领域包括但不限于如下几个。

（1）技术知识：不仅要了解你所销售的产品、服务的技术细节，还要对整个技术生态有宏观理解。例如，如果你在销售 CRM 系统，你就需要了解大数据、云计算、API（应用程序接口）集成等相关技术。

（2）商业战略：你需要能够站在 CXO（首席执行官）的角度思考问题。这意味着你要学习商业模式分析、市场战略、财务管理等知识。

（3）心理学：销售的本质是人与人之间的互动。深入理解认知偏差、决策理论、谈判心理，将使你在与客户的互动中占据上风。

（4）行业知识：针对你的目标客户群，深入学习他们所在行业的特点、挑战和趋势，成为该行业的"半个专家"。

（5）数据科学：虽然你不需要成为一个数据科学家，但要学会"与数据对话"。例如，理解基本的统计学概念，学会使用数据可视化工具，能够进行简单的数据分析。

这种跨界学习不仅能让你在与客户交流时更加自如，还能帮助你发现常人难以察觉的商机。记住，在信息爆炸的时代，你的价值不在于知道多少，而在于能够将不同领域的知识点连接起来，创造出新的洞见。

6.3.2 情商提升：在数字世界中重塑人际连接

在这个被算法主导的世界里，别忘了销售的本质仍然是人与人之间的互动。事实上，正因为日常交互被数字化，那些能够建立真正人际连接的销售精英将变得更加稀缺和宝贵。

你需要学习的知识如下。

（1）**深度倾听**：在AI可以处理大部分日常查询工作的时代，客户找到你，往往是为了解决复杂的、非标准化的问题。你需要培养超强的倾听能力，不仅要听懂客户说出口的，更要洞察他们没说出口的需求。

（2）**情感智能**：学会识别和管理自己的情绪，同时准确捕捉和回应他人的情感状态。在视频会议已成常态的今天，如何通过屏幕传递温度和建立信任，是一门值得深入研究的艺术。

（3）**故事叙述**：数据很重要，但孤立数据不能打动人心。你需要学会将冰冷的数据转化为引人入胜的故事。学习如何构建引人入胜的故事情节，如何将矛盾和解决方案贯穿始终，创造戏剧性效果，掌握这些能让你的推销更加有魅力。

（4）**数字形象管理**：随着AI时代的到来，你的"虚拟形象"将变得越来越重要。学习如何在数字空间中展示最佳的职业形象，这些都将成为未来销售精英的必修课。

记住，在AI可以模拟大部分标准化对话的时代，你的情商将成为核心竞争优势。真诚的热情无法被算法复制，人与人之间的化学反应远比一串冰冷的数字更有说服力。

6.3.3 打造你的个人品牌：从销售代表到思想领袖

在 AI 时代，你的个人品牌比以往任何时候都重要。为什么？因为客户可以轻松地通过 AI 获取产品信息、比价和用户评价。他们找到你，是因为他们需要一个值得信赖的专家。

你需要学习的知识如下。

（1）**内容营销**：学会创作高质量的专业内容。可以是专栏文章、播客、短视频或社交媒体帖子。内容应该展示你的专业知识，但要注意，重点是提供价值，而不是直接推销。

（2）**社交媒体策略**：每个平台都有其独特的受众和玩法。学习如何在抖音、视频号、Linkedin、知乎等平台建立专业形象，如何参与和引导行业对话。

（3）**公众演讲**：无论是线上还是线下，能够清晰、有说服力地表达自己的想法是非常关键的技能。学习如何组织演讲内容，如何用肢体语言增强表现力，如何与听众互动。

（4）**关系网络建设**：学习如何战略性地扩展你的专业网络。这不仅包括认识新的人，更重要的是如何维护和深化已有的客户关系。

你的目标是成为行业中的"思想领袖"。当你达到这个水平，客户会主动找上门来，而不是你去追逐他们。

6.3.4 心理韧性：在变革的浪潮中保持定力

在这个瞬息万变的 AI 时代，除了专业技能，心理韧性也变得前所未有的重要。作为一线销售人员，你将面临持续的压力和不确定性。因此，培养强大的心理素质将成为你在这个时代立足的关键。

你需要学习的知识如下。

（1）**压力管理**：学习各种压力管理技巧，如冥想、正念练习等。了解压力的生理机制，学会识别压力的早期信号，并采取有效的应对策略。

（2）**情绪调节**：培养情绪智能，学会识别和管理自己的情绪。特别是在面对拒绝和挫折时，如何快速调整心态，保持积极乐观。

（3）**弹性思维**：学会从失败中快速恢复并吸取教训。培养"成长型思维模式"，相信自己的能力是可以通过努力提升的。

（4）**自我反思**：培养定期自我反思的习惯。学会客观评估自己的表现，识别需要改进的领域，设定切实可行的个人发展目标。

（5）**社交支持**：学会建立和维护强大的社交支持网络。无论是在公司内部还是行业内，都要有可以依靠的同伴和导师。

（6）**工作生活平衡**：在这个总是在线的时代，学会如何有效地分配时间和精力，避免职业倦怠。建立健康的生活方式，包括规律的运动、充足的睡眠和健康的饮食。

记住，在这个充满挑战的时代，你的心理健康和职业成功是密不可分的。那些能够在巨大压力下保持冷静、理性并持续前进的销售精英，将成为真正的赢家。

6.3.5 学习的技艺：从被动接受到主动创新

在 AI 时代，知识的更新速度比以往任何时候都快。昨天还领先的技能，今天可能就已经过时。因此，培养持续学习的能力和习惯，比学习任何具体的技能都重要。

你需要掌握的学习的技能如下。

（1）**元学习**：学会如何学习。了解自己的学习风格，掌握高效的学习策略，学会如何快速获取和内化新知识。

（2）**信息甄别**：在信息爆炸的时代，分辨信息的真伪和价值比获取信息更重要。学会使用事实核查工具，培养批判性思维。

（3）**知识管理**：学会使用知识管理工具，构建自己的知识体系。这可以是一个数字化的笔记系统、一个私人知识库,或是一个概念图谱。

(4)**跨学科学习**:学会将不同领域的知识融会贯通。例如,如何将心理学原理应用到销售策略中,如何用数据科学的方法分析销售趋势。

在 AI 时代,你最大的竞争力不是你已经知道的东西,而是你学习和适应新事物的能力。保持好奇心,永远不要停止学习。

总之,我们正站在一个前所未有的时代拐点。在这个 AI 时代,你最大的敌人不是人工智能,而是故步自封的思维。那些能够与时俱进,不断更新自己知识库和技能组合的销售精英,不仅不会被 AI 取代,反而会因为 AI 的加持而变得更加强大。

6.4 AI 时代销售新技能到哪去学习

在 AI 时代,销售人员们正处于一个前所未有的转型期。要在这个充满机遇和挑战的时代保持竞争力,学习新技能是至关重要的。然而,面对海量的信息和多样的学习资源,很多人可能会感到无从下手。那到底从哪里学?我来分享一些可靠的学习资源和平台,帮助销售人员找到适合自己的学习路径,从而在职业生涯中脱颖而出。

6.4.1 在线课程:系统化学习的首选

Coursera 是一个广受欢迎的在线教育平台,提供来自世界顶尖大学和机构的课程。对于销售人员来说,Coursera 上的许多课程可以帮助你掌握 AI 时代所需的新技能。例如,斯坦福大学的"机器学习"课程,由 AI 领域的领军人物 Andrew Ng(吴恩达)教授主讲,可以帮助你理解 AI 和机器学习的基础原理。

除此之外，Coursera 还提供许多关于销售管理、客户关系管理与数据分析的课程，这些课程可以帮助你更好地利用 AI 工具，提升销售业绩。你可以根据自己的兴趣和需求，选择适合的课程，系统化地学习和提升自己的技能。

如果你更习惯于使用中文进行学习，网易公开课是一个非常好的选择。这个平台上汇集了来自国内外知名学府的优秀课程，涵盖了从技术到管理的各个领域。对于销售人员来说，网易公开课上有许多关于 AI、大数据和销售的课程，可以帮助你全面提升自己的专业能力。

例如，"数据科学与大数据技术"课程，深入浅出地讲解了数据科学的基本原理和应用，适合初学者入门。通过这些课程，你可以在短时间内掌握大量的专业知识，并将其应用到实际工作中。

6.4.2　向行业领导者学习：站在专家的肩膀上

喜马拉雅是一个以音频为主的知识分享平台，汇集了众多行业专家的音频课程和分享。对于销售人员来说，喜马拉雅上的许多专栏和节目可以帮助你在碎片时间里学习新知识，提升自己的专业能力。

在喜马拉雅"销售"专栏下面汇集了许多销售专家的实战经验

和技巧，内容丰富，实用性强。你可以在上下班途中、运动休闲时，通过收听这些节目不断充实自己的知识储备。

得到是一个以知识付费为特色的平台，汇集了众多行业专家和学者的精品课程和讲座。对于销售人员来说，得到上的许多课程可以帮助你快速掌握新技能，并将其应用到实际工作中。例如，得到上的"时间管理""销售管理"等课程，可以帮助你更高效地安排工作和学习时间，提高工作效率。此外，还有许多关于销售、内容文案和数据分析的课程，内容深入浅出，实用性强，非常适合销售人员进行学习和提升。

6.4.3 线下工作坊和行业会议

除了在线学习，参加线下的工作坊和行业会议也是一个非常有效的学习途径。通过亲身参与这些活动，你可以直接与行业专家和同行交流，获取最新的行业动态和实战经验。

例如，"CES展"（国际消费类电子产品展览会）和"全球销售大会"都是非常值得参加的行业盛会。在这些会议上，你不仅可以聆听行业领袖的精彩演讲，还可以参与各种实战工作坊，亲身体验最新的销售工具和技术。

6.4.4 专业论坛：交流与分享的碰撞地

本小节介绍几个可以辅助大家学习的专业论坛。

1. 知乎：专业知识的海洋

知乎是一个综合性的知识问答社区，汇集了各行各业的专业人士。对于销售人员来说，知乎上有许多关于销售技巧、AI 应用和市场趋势的讨论和分享。在这里，你可以向行业专家提问，获取实用的建议和见解。

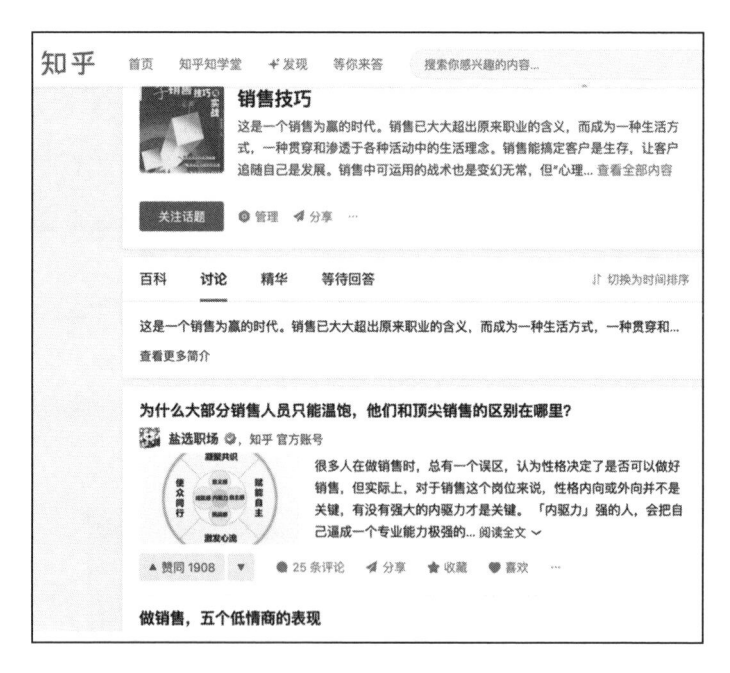

例如，你可以在知乎上关注"销售技巧"话题，查看其他销售人员的经验分享，学习他们的成功案例和失败教训。知乎上的知识不仅有理论性的，还有大量的实战经验和具体操作方法，可以帮助你更好地应对工作中的各种挑战。

2. Reddit：实践案例库

如果你能阅读英文（如果英文阅读有障碍，可以使用谷歌翻译等工具），Reddit 上的一些专业论坛也很值得一逛。比如，r/sales 和 r/artificial 两个板块，汇聚了全球各地的销售和 AI 爱好者。他们分享的实战经验和案例分析更具实用性。在 r/sales 板块，你可以看到许多销售人员分享他们的成功案例和失败教训，能够学到许多实用的销售技巧。在 r/artificial 板块，你可以了解到最新的 AI 技术发展趋势，以及这些技术如何应用于销售领域。

我在写作本书时就常逛 r/sales 板块，看到多个类似的问题：美国销售就业行情差，怎么办？销售人员遇到难缠的客户如何处理？销售人员如何使用 AIGC？

3. Quora：知识问答区

Quora 是一个全球性的知识问答社区，汇聚了各行各业的专家和从业者。你可以在 Quora 上提出问题，获取来自行业专家的解答。例如，关于"如何利用 AI 提升销售业绩"的问题，你可以获得 AI 专家和销售高手的宝贵建议和实践经验。

4. Linkedin：销售职业发展交流地

Linkedin 不仅是一个职业社交平台，还是一个非常好的学习资源。平台上有许多行业领导者的文章和分享，涵盖了最新的市场趋势、销售策略和技术应用。你可以关注行业内的顶尖人物，学习他们的成功经验和独特见解。此外，Linkedin Learning 提供了大量的在线课程，涵盖了从销售到技术的各个领域。你可以根据自己的需求，选择适合的课程进行学习。

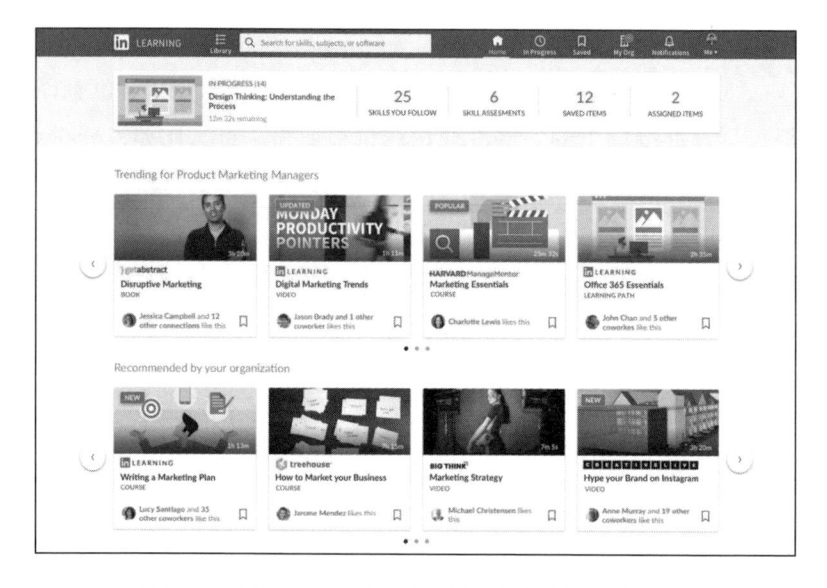

为了让你更清晰到哪学习，以及学习的路径如何，最后，通过一个访谈案例来说明。

李女士有着多年外企销售经验，但她意识到 AI 技术正在快速改变行业格局。为了不被时代淘汰，她决定学习 AI 时代新销售技术。她选择了 Coursera 上的"AI for Everyone"课程，先系统学习了 AI 的基本原理和应用。同时，她在网易公开课上学习了 AIGC 实践课程，深入了解了 AI 在销售场景中应用。

为了提升自己的内容创作能力，李女士还在喜马拉雅上订阅了几个短视频制作和文案撰写的课程，学会了如何利用新媒体销售。经过一段时间的学习和实践，李女士成功转型，成为公司中运用 AI 技术最为娴熟的销售经理，带领团队取得了优异的业绩。

在 AI 时代，销售人员需要不断学习和提升自己的专业技能，以应对快速变化的市场环境。通过在线课程、专业论坛、工作坊、行业会议和行业领导者专栏等多种学习资源，你可以系统化地学习新知识，提升自己的专业能力。

6.5 培养 AI 新销售技能的路径：从基本动作到习惯养成

在当今瞬息万变的商业环境中，销售人员的成长不再局限于传统技能的累积，而是需要不断更新自己的核心能力库。如何在这波浪潮中乘风破浪，成为每个销售人员必须面对的课题。

首先，我们需要明确一个关键点：新能力的价值在于解决实际问题。它不是摆设，也不是噱头，而是要在具体的销售场景中发挥作用，为客户创造价值。因此，在学习 AI 新技能时，我们应该始终围绕"应用"这个核心展开。

AI 新能力塑造的过程，可简化为学习、刻意练习，最终养成习惯，形成肌肉记忆的过程。AI 新技能的塑造中刻意练习关注的是矫正与标杆，或者方法论的差距，努力按照标准进行调整。习惯养成就是让自己可以在特定场景下轻松解决问题。

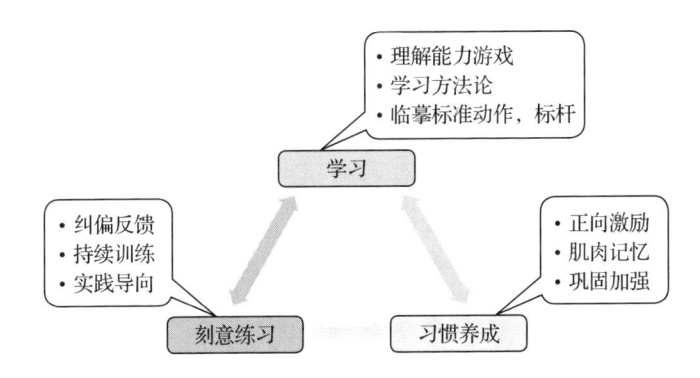

```
学习
• 理解能力游戏
• 学习方法论
• 临摹标准动作，标杆

刻意练习
• 纠偏反馈
• 持续训练
• 实践导向

习惯养成
• 正向激励
• 肌肉记忆
• 巩固加强
```

为了更好地与人工智能时代共舞，每个销售人员都应该具备一定能力，虽然都具备智能算法设计和处理的能力是不现实的，但是具备一定 AI 思维与算法认知的能力是必须的。这样他们能够用数据思维来做决策，并将相应决策应用到销售各个环节中去。若要在 AI 时代打造销售人员核心能力，那么要如何通过刻意练习与习惯养成来完成？我们就以如何培养销售人员数据思维能力为案例来解读。

1.培育新能力,刚开始一定要容易上手

人们在学习新的技能、新的东西时充满着不确定性与畏难情绪,这是人之常情。如果一上手就特别难的话,无形中将更多的人阻挡在门外。经常可以看到"英语ABC""21天搞定python语言"等,这些课程与图书都是以击中容易上手的痛点为特色的。

不追求上手的质量和速度,最主要的是要先上手、先动起来。动起来后,就有更多的可能性来培育新能力。在《控制习惯》《微习惯》等图书中都有相关的描述。要把习惯缩小,小到不可思议为止,只有小到不可思议,才会让大脑认为它真的毫无威胁。你给自己设定的目标应当以"小到不可思议"为目标。

你会发现几乎所有初学能力都可以缩减为2分钟的版本:

- ❏ "数据思维能力"变成"记录写一条朋友圈需要几分钟"。
- ❏ "具备阅读能力"变成"每天读一页"。
- ❏ "课后复习习惯"变成"打开我的课堂笔记"。
- ❏ "整理衣物"变成"折叠一双袜子"。
- ❏ "跑10英里"变成"每天跑步500米"。

这样做的思路是让你在学习初期尽可能地以最容易的方式开始。任何人都可以沉思一分钟、读一页书或者收好一件衣服。正如我们刚刚讨论的,这是一个强大的战略,因为一旦你开始做正确的事情,继续做下去会容易得多。

难易程度	极轻松	轻松	中等	困难	很困难
要做的事	穿上跑鞋	步行10分钟	走1万步	跑5 000米	跑马拉松
	写一句话	写一段文字	写1 000字	写一篇5 000字的文章	写一本书
	打开笔记	学习10分钟	学习3个小时	学习成绩全部得A	获得博士学位

2.培育新能力,要克制惯性

你天天刷牙,有一天早上没刷牙,就会难受不舒服。一个有趣

的段子：儿子天天吸手指头，爸爸为了改掉他这个习惯，一狠心，给他手指涂上了辣椒油，结果过了半年，他儿子只吃川菜。每个人都受习惯的影响，天然有"对抗新变化、维持现状"的倾向。想学好新能力，克制惯性是基础。对于培育新能力，有研究数据表明，高达 42% 的人在克制惯性阶段就放弃了，大多数人可能都没能坚持一周，习惯的反抗造成学习新能力的夭折。

在学习新能力的过程中，我们必须学会对抗老能力、老惯性。你在学习基于数据思维的新能力的时候，与之对应的老习惯、老技能就是靠感觉进行模糊决策与实践。在训练新能力的时候需要刻意克制，学会忘记。在培育新能力的过程中可以进行违规记录，即一旦有采用过往思维与能力的冲动就写下来，长此以往就能够有意识地避开惯性。

让我们看看雨果是如何克制自己的惯性的。

1830 年夏天，雨果面临着一个无法回避的最后期限。12 个月前，这位法国作家向他的出版商许诺要写完一本书。但是到了约定的时间他一个字都没写，时间都用来寻求别的项目，招待宾客，因而耽搁了正事。雨果的出版商也无可奈何，只好又设定了新的截止日期，在之后不到 6 个月的时间里，即 1831 年 2 月前必须写完那本书。

雨果制订了一个奇怪的计划来克服拖延惯性。他把自己所有的衣服归拢到一起，并让助手把它们锁在一个大箱子里。除了一条大披肩，他没有任何衣服可穿。1830 年秋冬期间，由于没有适合外出的衣服，他一直待在书房里奋笔疾书。《巴黎圣母院》于 1831 年 1 月 14 日提前两周完成。

3.培育新能力从基本动作开始，从临摹开始

就像学习任何新技能一样，掌握 AI 技术并将其有效地应用到销售实践中，需要我们从最基础的步骤开始。正如学习写字或跳舞需要我们从基本笔画或动作开始一样，掌握 AI 销售技能也需要

循序渐进。我们可以从简单的任务开始，比如，使用AI工具进行客户分类或生成个性化销售拜访脚本，然后逐步过渡到更复杂的应用，如利用AI进行销售预测或客户关系维护。

培养AI新能力是一个持续的过程，需要耐心、毅力。许多销售人员急于求成，忽视了基础训练的重要性。然而，正是这些看似枯燥的基本功练习，为我们日后的创新和突破奠定了坚实的基础。

本杰明·富兰克林早年的教育水平很有限，能够写出通顺的句子就不错了，但他很想提高自己的写作能力。一次偶然的机会，他看到一本名叫"观察家"的杂志，他发现杂志中的文章质量非常高，特别希望自己也能写出那样漂亮的文章。他就去模仿这个杂志中文章的写作方式，最开始是他去模仿文章中的作者怎样措辞，如果自己写这句话怎么写，自己写的方式和他比较，他的好还是自己的好，为什么人家的会更好。

在用词提升之后，他还是感觉文章不对，后来发现原来自己的文章的谋篇布局和结构逻辑也不对，所以他又对《观察家》杂志上的文章段落进行拆分，自己重新梳理，假想自己写文章会先写什么，后写什么，作者为什么有不同的顺序。在他不断地揣摩和研究下，富兰克林成了受人尊敬的作家。

就像本杰明·富兰克林通过模仿《观察家》杂志中的文章来提升写作能力一样，我们也可以通过研究和模仿成功的AI销售细节与基本动作来提升自己的能力。例如，我们可以分析领先者如何将AIGC完美镶嵌到整个销售过程中。通过不断地比较、思考和调整，我们可以逐步提高自己运用AI技术的能力。

4.培育新能力关键在于刻意练习

在《刻意练习》中，作者提出来了1万小时理论存在偏差，如果你没有即时反馈纠偏，可能很难掌握能力，成为大师。新能力养成过程，最好能够找到专业的教练与辅导老师，或者是相关的工具，来进行刻意练习。例如，在人工智能时代对英语发音的学习，就可以让人工智能语音工具为你的发音打分，进行纠偏和调整。通过刻意练习，就可以更好地训练英语的发音。

对于个人数据思维能力刻意练习，你可以采购相关的书籍，购买相关的软件来进行，也可参加相关的俱乐部或者与学习的伙伴进行交流，这样可以获得即时反馈，互相打气。这是一种更快的刻意练习的方式。如果有可能，更好的方式是找一位专业的教练，通过陪伴和纠正，最终养成新能力。

5.培育新能力的即时奖励

与非洲大草原上的其他动物一样，我们的祖先日复一日地设法应对严重的威胁，想办法找吃的，并躲避暴风雨。大脑重视即时满足是有道理的。在即时回报环境中生活了几万年之后，我们的大脑进化成偏爱快速回报而不是长期回报。在 AI 新能力培育的过程中，我们也在追求即时奖励与回报。为此当你上手并积极地练习新的能力时，应给予自己奖励，如看一部电影，吃一顿美食等。

大脑偏爱当下即时奖励意味着你不能依赖良好的愿望。 当你制订计划，如减肥、写作或学一门外语，你实际上是在为未来制订计划。我们都希望未来的自己过上更好的生活。然而，你在新能力养成过程中却倾向于优先满足及时行乐的需求。

人们倾向于选择即时享乐的事，回避延迟满足的事。刻意练习新能力，意味着你要等待远期回报的到来，你将面临更少的竞争，你通常会获得更大的回报。

1993 年，加拿大阿伯茨福德的一家银行雇用了 23 岁的股票经纪人特伦特·迪尔施米德。与繁华的温哥华市相比，阿伯茨福德是偏僻的郊区。考虑到这种地理位置，以及迪尔施米德是个业务新手的事实，没人对他抱有多高的期望。但出人意料的是，他进步神速。究其原因是他有培育能力的即时奖励体系。

迪尔施米德的一天始于办公桌上的两个罐子，其中一个装满了120个曲别针，另一个是空的。每天一到办公室，他就开始打推销电话。每拨通一次电话，他就从装满曲别针的罐子里拿一个放到空罐子里，并如此往复。他说："每天早上，我会从一个罐子里的120个曲别针开始，一直拨电话，直到我把它们都转移到另一个罐子里。"

在18个月内，迪尔施米德给公司带来了500万美元的收益。他24岁时，年薪达到了75 000美元。

在取得令人满意的进步后，借助视觉量度，如移动曲别针、发夹或弹珠，让自己能清晰地看到自己的进步。这样做的结果是，奖励强化着你的行为，并为任何活动增加一些即时满足感。即时奖励量度有多种形式：食物日志、健身日志、打孔忠诚卡、软件下载进度条，甚至书籍中的页码等。

6.培育AI新能力的肌肉记忆和习惯性的反应

AI新能力不是花拳绣腿，新能力不是认知，也不是知识，而是实践应用。如果你在夯实自己AI时代的内容销售能力，那么你就刻意开设自己的自媒体账号、短视频账号或者为专栏投稿。时不时地写写书评、时事评论，在写工作邮件时刻意练习和训练，长此以往内容能力将变成你的个人核心能力。

有目的的训练是一种不断改进的做法，积小胜为大胜，积跬步致千里。我们常常只是在做，而没有认真思考。就像福尔摩斯说的，你只是在看，而并没有观察。培育AI新能力的肌肉记忆和习惯性的反应，并不是重复做，而是进行有目的、有反馈的肌肉记忆与习惯反应。

7.培育AI新能力要学会渡过高原期

当新能力已经慢慢地成为你的稳定的应景行为时，会有一个很大的挑战：能不能进一步将新能力刷新？

熟能生巧。但是你练习的次数越多，它就变得越无聊，越像是机械性重复。一旦初学者尝到了一些甜头，我们对今后能有多少收获有了大致认识，我们的兴趣就开始减退。

销售人员培育自己 AI 新能力最大的威胁不是失败，而是倦怠。这个结果是意料之中的，就不再会让我们开心。随着新能力变成日常举动，我们开始脱离固有的轨迹，转而去追求新奇的事物。也许这就是为什么我们会陷入一个永无止境的周期性循环，无论是数据思维能力、健身方式、饮食习惯，总是换来换去的。

简而言之，在 AI 时代打造核心能力的过程中，我们要牢记：新标准、新工具、新方法、新动作是培养新能力的载体。通过在日常工作中持续应用这些新元素，销售人员会逐渐形成"肌肉记忆"，使 AI 应用成为一种本能反应。

在 AI 时代，最宝贵的不是 AI 本身，而是能够灵活运用 AI、创造价值的人。在这个充满机遇的新时代，销售人员要让自己成为真正的 AI 时代销售精英！

6.6 高手的秘籍：如何将 AI 新技能完美融入销售工作

在这个 AI 时代，销售业经历了翻天覆地的变化。作为销售人员，我们必须与时俱进，主动学习和掌握新的核心技能，比如 AIGC 工具运用、数据分析、内容创作、在线互动等，只有这样我们才能在这个充满竞争的行业中立于不败之地。可是，仅仅学会了这些内容还远远不够，最关键的是如何将它们高效、有效地整合到实际的销售工作之中。

有句俗话说得好，"纸上得来终觉浅，绝知此事要躬行"。换句话说，想要真正掌握任何技能，我们都需要通过不断实践、总结和优化，才能转化为自己的本领。所以接下来将介绍如何把所学的AI新知识落地到日常销售中。

（1）**要将新学到的知识有机融入整个销售流程当中**。我们不能把它们当成独立的、割裂的技能，而要像捆绑销售一样，将它们与销售的各个环节无缝对接。比如，在销售线索开发阶段，我们就可以借助大数据和机器学习技术，从海量数据中发现潜在的目标客户群体，精准锁定有价值的销售线索。再如，在产品推广环节，我们可以利用AIGC工具生成丰富多样的内容素材，并配合数据分析，针对不同受众进行个性化运营。

当与潜在客户实现初步接触后，我们还可以应用数据分析，对客户进行细分，从而制定出更加贴合需求的销售话术和产品方案。这样一来，我们就实现了新知识与传统销售流程的融合，让它们相互配合，最大限度地发挥出效用。

（2）**学习中要反思与写作：内化知识的最佳途径**。学习不是一个单向的输入过程，而是一个输入、消化、输出的循环过程。因此，定期的反思和写作是内化知识的最佳途径。每周花一小时进行深度反思，回顾你这周学到的新知识，思考如何将其应用到实际工作中。更进一步，尝试将你的思考写成文章。这不仅能帮助你更好地梳理思路，还能慢慢建立你的个人品牌。

你可以选择在互联网平台上发布这些文章，或者干脆建立自己的专栏博客。主题可以是你对某个AI销售工具的深度分析，也可以是你对AI如何改变销售行业的洞见。

记住，写作不仅是一种输出，更是一种学习方式。通过写作，你能发现自己知识的盲点，激发新的思考。在AI时代，清晰表达复杂想法的能力将成为你的核心竞争力之一。

（3）**我们需要培养"人机协作"的工作模式**。在AI时代，我们不应当把新技术视为对手，而应当把它们当成得力的助手和合作伙伴。

我们需要明白，任何先进的 AI 工具都不可能完全取代人类的洞见和创造力。它们最多只是在某些特定领域拥有出众的能力，但缺乏人类的经验判断和情商素养。因此，我们应该学会与之分工协作，发挥人机各自所长。比如，在创作销售内容时，我们可以让 AI 工具先根据分析出的策略生成初稿，而后由人工编辑进行优化，注入更多个性化元素。

在这个地方，我想用一个真实案例来诠释一下"人机协作"的工作模式。

这是一位销售经理分享的经历。起初，这位销售经理所在的销售团队依旧沿用着旧模式，效率低下。但经过内部激烈讨论，他们决定大刀阔斧地推行"AI+销售"的新模式。首先，他们通过数据分析工具，对目标客户群体及其需求偏好进行了全面分析，识别出 20 个价值最高的精准线索。接下来，借助 AIGC 工具，他们为每一个线索量身定制了销售内容，从邮件、社交媒体推广到 PPT 展示等，确保每一个环节的内容都富有销售力和个性化元素。

在后续的客户拓展过程中，他们还利用 AI 智能助手，自动完成了大量烦琐的跟进和管理工作，让销售人员能集中精力与客户建立更紧密的联系。凭借 AI 赋能，团队最终成功拿下了其中 15 个大客户，创造了可观的业绩和收益。

这个案例很好地诠释了如何将 AI 灵活地应用到销售全流程，发挥人机协作的最大效能。作为销售人员，我们需要在学习和实践中不断总结，找到属于自己的最佳路径，与 AI 工具形成完美结合，方能在这个时代持续出彩。

（4）**培养多维度的复合型能力**。很多时候，一项单一的新技能是难以完全解决现实问题的，我们需要将多种技能互相融合，方能产生化学反应。比如，在进行客户分析时，我们就需要融合数据分析能力和客户洞察力。单凭数据本身是难以挖掘出有价值的见解的，我们还需要结合客户心理和销售经验，才能从中发现真正可落地执行的方案。再如，在制定销售方案时，我们需要综合运用 AIGC 工具、内容创作、在线互动等多种技能，才能呈现出极具说服力和吸引力的细节执行方案。

总之，我们不能止步于单一技能的学习，而要以系统思维的方式，将各项能力进行交叉融合，形成自己独特的"组合拳"。只有这样，我们才能真正释放出新技能的巨大潜能，在 AI 时代取得不俗的销售业绩。

（5）**建立实践社群，汇集集体智慧**。虽然自学很重要，但别忘了学习也是一种社交活动。在 AI 时代，建立一个强大的学习社群可以大大加速你的成长。这个社群可以是线上的，也可以是线下的，可以是正式的学习小组，也可以是非正式的兴趣社区，关键是要有共同的学习目标，有定期的交流和分享。在这个社群中，你可以做如下事情。

❏ 分享各自的学习心得和实践经验。

❏ 讨论最新的 AI 销售趋势和技术。

❏ 组织读书会，共同研读相关书籍。

❏ 邀请行业专家进行线上或线下分享。

❏ 合作开展实践项目，互相提供反馈。

在 AI 时代，集体智慧的力量比以往任何时候都更加强大。一个好的实践社群不仅能为你提供知识和见解，还能给你持续学习的动力和支持。

6.7 高效平衡工作、学习与个人生活

在这个快节奏的 AI 时代，作为一名销售人员，需要掌握最新的技术，提升自己的职业技能，同时还要处理日常工作和维护个人生活。这三个方面要实现平衡。这是一项巨大的挑战，但通过有效的时间管理和优先级设置，你可以在追求个人发展的同时，保持工作和生活的平衡。

6.7.1 时间管理对销售人员的重要性

在这个飞速发展的数字时代，时间管理是销售人员平衡工作、学习和个人生活的重中之重。通过科学分配时间，你可以游刃有余地完成各项工作任务，还能抽出足够的时间投入知识学习和生活休闲，避免过度劳累和精神压力。

1.制订每日计划

要特别强调日程安排的重要性。作为销售人员，你可以在每天开始之前，花几分钟时间梳理当天的工作内容，将需要完成的任务按重要程度和紧迫性分类排序。这不仅有助于确立工作重心，提高效率，更能避免在一些不太重要的事情上浪费时间。

2.把时间分为块状

将一天的时间划分为不同的时间块，每个时间块专注于完成特定的任务。 比如，除了列出每日任务清单，我一般会将一天划分为若干大时间段。上午是我个人的黄金时段，会用来处理最棘手的工作；下午会抽空自我充电，学习新知识、新技能；到了晚上会陪伴家人。这种时间块的规划，可以让我游刃有余地在工作和生活间有效切换。这种把时间分为块状的模式，可以深入借鉴著名企业家埃隆·马斯克（Elon Musk）的日程安排。据报道，他将一天分为多

个 5 分钟的时间块，分工清晰后专注于每个模块所对应的工作，效率极高。

日程安排			日期：	
am 8	00		工作清单	
	30			
9	00			
	30			
10	00			
	30			
11	00			
	30			
pm 12	00			
	30			
1	00			
	30			
2	00			
	30			
3	00			
	30			
4	00		备注	
	30			
5	00			
	30			
6	00			
	30			
7	00			
	30			

很多优秀的销售人员也运用了类似的方法。比如"番茄工作法"，将时间分成 25 分钟的工作单元和 5 分钟的休息时间。工作时可以专注于当下的销售活动，休息时则小憩片刻或练习冥想，缓解工作压力。

6.7.2　优先级设置的实践策略

在快节奏的社会中，优先级设置是实现工作、学习和生活平衡的关键。通过合理设定优先级，你可以确保重要的任务得到优先处理，避免因拖延引发压力和焦虑。

1.遵循80/20法则

80/20法则，即帕累托法则，指的是20%的努力会带来80%的结果。在日常销售工作中，若能识别并优先处理那20%的核心任务，必定事半功倍，提高效率，赢得更大成就。这就好比一场篮球赛，如果我们把有限的体力都用在投篮这一关键环节上，自然能创造出更高的得分。

2.列出"三个最重要的任务"

每天早晨，列出当天最重要的三个任务，并优先完成这三个任务。一旦把这"当天至关重要的三件事"高效完成，无疑会增强成就感，减轻拖延造成的心理负担。

6.7.3 平衡工作和学习

在工作和学习之间，如何分配时间？对于这一点，我有如下几条建议。

1.利用碎片时间学习

在快节奏的工作环境中，想用整块时间去学习往往难以实现。**利用碎片时间进行学习，是提升技能的有效方法**。例如，在上下班的路上，你可以收听专业的在线课程；在午休时间，你可以阅读行业内的权威书籍；即使是在等待开会的十几分钟内，你也可以浏览一些专业文章和案例分析。这种零散但持续的学习，虽然看似无补于事，但日积月累，定能够让你的知识和见解得到全面的提升。

2.制订长期学习计划

在数字时代，制订一个长期的学习计划至关重要。这不仅能帮助销售人员明确自己的职业目标，还能避免在学习过程中产生急功近利的心态。长期学习计划应根据个人的职业发展目标，划分为不同的阶段，每个阶段设定具体的学习任务和目标。

在数字时代，知识和技能的快速迭代已成为常态。身为销售人员必须与时俱进，通过工作和学习的平衡，不断丰富自己的知识储备，提升专业能力，才能取得竞争优势。

6.7.4　保持工作与生活的平衡

在数字时代，销售工作节奏日益加快，工作压力与日俱增。如何在忙碌的工作中保持个人生活的平衡，成为每个销售人员都需要思考和解决的问题。

1.设定界线

设定工作和个人生活的界线是保持平衡的关键。 在工作时间内专注工作，下班后尽量避免继续做与工作相关的事情，专注于家庭和个人生活。我有一个做销售的朋友小黄，他设定了明确的工作和生活界线。每天晚上 8 点之后，他会把手机调为静音，专注于陪伴家人和朋友。通过这种方式，小黄不仅保持了工作和生活的平衡，还提升了工作效率和家庭幸福感。

2.保持健康生活习惯

健康的生活习惯是保持高效工作的基础。确保充足的睡眠、规律的运动和健康的饮食，可以帮助你保持良好的身体和精神状态，应对工作和学习的挑战。

我们还应当主动预留时间来放松自己。工作再忙，也要给自己预留出小假期远离工作氛围，全身心投入到自己喜欢的户外活动、阅读、旅行等个人爱好中去。只有这样，我们才能在工作和生活间保持平衡，避免身心俱疲。

工作是谋生之道，而非生存之本！

第 7 章
未来销售,每天都在做些什么

AI 的浪潮正以前所未有的速度和力量席卷而来,重塑着我们熟悉的每一个行业,而销售行业更是位于前列。销售不再仅是一份工作,更是一门艺术,一种融合了人性洞察和技术创新的高级技能。AI 工具将成为你得力的助手,帮你处理烦琐的数据分析和内容生成工作,让你能够将更多的精力投入到真正需要人性化触碰的领域——深度的客户洞察、创造性的问题解决和情感共鸣的建立。

在这个时代,我们不能与 AI 竞争,而是学会与之协作,释放出人类独有的创造力、同理心和真实性。让我们携手踏上这段激动人心的旅程,重新定义销售的未来,在 AI 与人性的完美融合中,成为这个时代真正不可替代的力量。

7.1 销售的未来：4D销售方法论下的新选择

在AI时代，销售人员的角色已经不仅是传统的商品交易中介，还是一个多面手，一个能够利用数字化工具和人工智能提升销售效率和效果的专家。这就是我们所说的AI时代销售人员4D销售方法论的重要性与适用性。

7.1.1 4D销售方法论的核心理念与构成

1. 定义个人品牌

个人品牌是销售人员在市场中独一无二的标识。在AI时代，个人品牌的建立更加重要，因为它能帮助销售人员在信息过载的环境中突出重围。通过精确定义自己代表的价值和特色，销售人员能够吸引和维系那些与自己价值观念相匹配的客户。个人品牌，不仅是对外展现专业形象，更能对内督促自我不断学习和锻炼，从而确保形象与内在的专业力量相匹配。

在AI的帮助下，销售人员可以通过数据分析更精准地了解客户需求，从而打造更加个性化的品牌形象。例如，通过AI技术分析社交媒体上的用户行为，销售人员可以获取客户的兴趣点和痛点，从而调整自己的品牌形象和销售策略。

2. 传递内容

相较于单纯的销售推广，提供有价值的专业内容才是吸引和留住客户的不二法门。这需要你身兼"销售人员"和"内容创造者"的双重角色。

在数字化内容销售主线上，你可以借助各种线上平台传递自己的专业见解、精辟分析、创新解决方案等。比如，你可以开设个人专栏或微信公众号，在行业论坛和媒体发表观点文章，制作短视频或在线课程等。通过高质量的专业内容持续吸引客户和目标受众。

AI 大模型工具在这一维度中扮演着重要角色，帮助销售人员根据客户的行为和偏好定制个性化的内容。AI 技术可以帮助销售人员自动生成和分发内容，使得内容营销更加高效。例如，销售人员可以利用 AI 工具生成个性化的电子邮件内容，或通过数据分析选择最佳的内容发布时机，从而提高客户参与度和满意度。

3. 深化关系

在 AI 时代，建立和维护客户关系的方式已经从单纯的面对面交流转变为更多样化和动态的交互。具有亲和力、有情绪价值，并且能长期为客户提供指导与支持的销售专家，仍将受到客户欢迎和重视。

销售人员的深化客户关系策略必须顺应时代的变化：**不要执念于每一个潜在客户，而要注重提供价值，深化有价值的客户的关系**。深化客户关系时要注意的是"**不要打扰，要提供价值**"。

通过 AI 技术，销售人员可以更深入地挖掘客户数据，了解客户的购买行为和历史，从而制定更有效的关系维护策略。例如，AI 可以帮助销售人员预测客户的需求变化，提前采取措施，从而提升客户满意度和忠诚度。

4. 发展自我

销售人员需要不断地学习和适应快速变化的市场和技术。个人成长不仅关注技能的提升，还包括心态和视野的拓展。因为内容创作无疑是销售人员推动新销售进展的重要途径。持续学习 AI 协同创作内容技巧，不仅可以做出好内容，还可以强化我们的表达能力和见解。此外，研读行业资料、向同行和导师请教、参加线上课程等，都是发展自我行之有效的方式。

直到获得客户认可和信任，并在这一过程中体现出无与伦比的价值，我们才算是完成了自我的发展和成长。因此，"发展自我"

也可认为是整个 4D 销售方法论的驱动引擎。

简而言之，站在 AI 时代，4D 销售方法论所彰显的人的独特价值体现在如下方面。

- ❏ 定义个人品牌：展现专家形象，代表独特方法论。
- ❏ 传递内容：提供人性化的见解、分析与销售方案。
- ❏ 深化关系：建立信任纽带，成为知心朋友和同路人。
- ❏ 发展自我：持续提升专业力、敏锐度和沟通能力。

7.1.2　4D 销售方法论与传统销售模式的区别

传统销售模式往往依赖人际关系和面对面的交流，而 4D 销售方法论则强调利用数字化工具和 AI 技术提升销售效率。在传统销售模式中，销售人员可能需要花费大量的时间和精力去拜访客户，而在 4D 销售方法论中，通过社交媒体、在线内容和 AIGC 等工具，销售人员可以更快速地接触到更多的潜在客户。

4D 销售方法论为销售人员在 AI 时代提供了一个全面而有效的销售框架。通过这一模型的实施，销售人员可以更好地定义自己的价值，提供更加个性化和有针对性的内容，建立更深入的客户关系，同时持续推动个人和职业的成长。随着 AI 技术的不断进步，4D 销售方法论的重要性和适用性将会越来越被业界认可和推崇。

4D 销售方法论重视销售人员建立和维护个人品牌，关注个人终身发展，这在传统销售模式中往往被忽视。4D 销售方法论创新价值点主要体现在以下几方面。

- ❏ **效率提升**：利用内容和 AI 等工具，销售人员可以更高效地处理销售过程中的各种任务，如客户开发、销售跟进、关系管理等。
- ❏ **个性化服务**：通过数据分析，销售人员能够更准确地了解每个客户的需求和偏好，提供更加个性化的服务。

❑ **持续学习**：AI 时代要求销售人员不断更新知识和技能，4D 销售方法论鼓励销售人员持续学习和成长。

作为 AI 时代销售人员，掌握并运用 4D 销售方法论是非常必要且实用的。这个模型不仅能够帮助销售人员更好地适应当前的市场环境和了解客户需求，提升销售业绩，还能够推动销售人员向着更好的个人方向发展。因此，我相信，在未来的销售领域，4D 销售方法论会成为销售人员的必备方法论。

7.2 AI 时代的销售人员：每天的核心任务与全新工作方式

AI 驱动的销售新时代的销售人员与传统销售人员相比，工作内容已发生了翻天覆地的变化。过去的销售人员依赖人际关系、销售技巧和持续的客户跟进，而如今的销售人员必须对处理复杂的数据流游刃有余，并与智能工具协同作战，才能脱颖而出。**AI 赋能不仅改变了销售流程的每一个环节，还重塑了销售人员的日常工作任务与核心职责。**

为了更好地想象与厘清 AI 时代的销售人员每天都做些什么，让我们深入剖析这个全新生态中的每一个关键动作。

1. 利用AI生成销售线索并管理客户名单

每一天的开始，销售人员不再像之前那样需要自己从海量的客户资源中筛选目标，而是依靠 AI 自动化工具的支持，获取精准的销售线索。线索生成与客户列表的构建，在 AI 的辅助下变得更加高效和科学。

AI 会根据市场趋势、客户行为、公司财务等海量数据，为销售人员筛选出最具潜力的客户名单，并根据最新的动态更新客户列表。例如，某家企业突然出现了资金注入或管理层的变动，AI 能够迅速捕捉这一变化，并提示销售人员主动接洽，展开沟通。这样的功能帮助销售人员从被动等待转向主动出击，抓住最有价值的机会。

通过AI的洞察，销售人员可以跳过费时的客户筛选工作，直接进入沟通和关系建立的关键环节。传统销售模式中的电话和随机拜访，正在被AI推荐的高效、精准的客户触达方式取代。

2. 个性化销售内容的生成与分发

内容驱动的销售方式已经成为趋势，而在AI时代，内容的生成不再仅依靠销售人员的个人能力。如今，销售人员可以通过AIGC（人工智能生成内容）工具，根据客户的兴趣与需求，快速生成高质量的销售内容，并利用AI推荐算法进行智能化分发。

自动生成销售材料，高度个性化与专业性并存。传统销售模式下，销售人员需要花费大量时间撰写产品介绍、准备演示文稿以及整理客户定制方案。而现在，AI可以根据客户的行业背景、过往行为、购买历史等信息，自动生成具有高度个性化的销售材料，包括精准的产品推荐、详细的解决方案以及数据支持的建议。这不仅提升了工作效率，还确保了每一份内容都能够最大限度地满足客户的个性化需求。

例如，针对一个金融行业的客户，AI可以生成结合该行业的特定解决方案，并根据客户的公司规模、业务重点调整推荐的产品或服务。销售人员只需对生成的内容进行微调，就可以迅速向客户发送专业化的提案。

AI驱动的智能分发，精准触达潜在客户。生成内容只是第一步，如何将这些内容有效地分发给目标客户，也是AI时代的销售人员每日工作中不可或缺的一环。通过AI推荐系统，销售人员可以借助类似于短视频平台的算法，将个性化的销售内容精确推送到特定的客户群体。

例如，一段专门针对制造行业的短视频，通过AI的算法推荐可以精准推送给该领域内有采购需求的公司决策者。相比过去广撒网式的广告投放，AI能确保每一份内容的传递都更加精准，提升了转化的可能性。

3. 客户关系的维护与激活

在AI的支持下，销售人员每天的工作不再限于开发新客户，还包括通过智能化的客户关系管理工具，持续维护现有客户，并不断激活沉睡的客户资源。AI可以分析客户的购买行为和互动记录，自动为销售人员提供最佳的跟进策略。

自动化客户维护，温情问候与专业内容并存。通过AI分析客户的历史互动和反馈，销售人员每天都可以自动收到系统的提示，了解哪些客户需要进行例行问候，哪些客户对新产品表现出潜在兴趣，哪些客户可能对服务产生了困惑。这些提示可以帮助销售人员及时跟进每一个重要的客户，确保关系的紧密性。

AI不仅会自动为销售人员推荐合适的内容，还会帮助他们选择合适的时机与频率进行沟通。例如，对于一个长期未沟通的客户，AI可能会建议向其发送一封含有最新行业洞见的邮件，以重新激活客户关系。与此同时，AI会为销售人员提供最合适的沟通策略——何时跟进、怎样表述、需要提供哪些信息，以确保沟通的有效性。

4. 跟进销售进展并优化策略

推进项目是销售人员每日工作中的核心部分，而AI能够让这一过程变得更加透明和高效。通过自动化工具和智能化分析，销售人员不再需要反复处理烦琐的表格、邮件和会议记录，而是集中精力推动销售进展。

智能化项目跟进，实时分析与预测。AI可以实时追踪销售项目的进展，为销售人员提供动态数据分析。例如，AI可以根据客户的回应速度、互动行为，预测客户的购买意图和决策周期，并为销售人员提供相应的策略建议。通过这样的智能化分析，销售人员可以更好地规划下一步的行动，提高项目的成功率。

与此同时，AI 还会自动提醒销售人员对里程碑事项进行跟进，例如合同时限到期、客户最后回应时间等。这不仅减少了人为的疏漏，还确保销售人员始终具有销售的主动权。

5. 不断学习并优化销售技能

AI 不仅帮助销售人员完成具体的任务，还为他们提供了持续学习和自我优化的机会。销售人员可以通过 AI 的数据分析结果了解自己的优势与劣势，并通过系统推荐的学习内容，不断提升自身的销售技能。

AI 驱动销售技能提升，自我优化形成闭环。AI 会根据每个销售人员的销售记录、客户反馈等数据，自动生成个性化的反馈报告。通过这些报告，销售人员可以清晰地了解自己的强项与不足之处。AI 还可以为销售人员推荐相关的培训内容，帮助他们不断优化自己的销售技巧与策略。

例如，如果 AI 发现某个销售人员在与特定行业的客户沟通中成交率较低，它会自动为销售人员推荐行业特定的培训资料，或提供针对性的谈判技巧建议。这种数据驱动的自我优化模式，帮助销售人员在日常工作中不断成长与进步。

在 AI 的助力下，销售人员的日常工作已从单一的任务执行者，转变为一个全方位的战略决策者。他们不再需要为数据分析、内容生成、客户管理等烦琐的事务发愁，能够专注于最核心的部分——客户关系的建立与销售项目的推进。

核心任务	传统方式	AI 赋能后日常工作	案例说明
销售线索生成与管理	手动筛选海量客户资源	利用 AI 自动化工具获取精准销售线索，动态优化客户名单	AI 根据市场趋势和客户行为筛选出最具潜力的客户名单，实时更新

(续)

核心任务	传统方式	AI 赋能后日常工作	案例说明
销售内容生成与分发	个人能力撰写销售材料，广泛投放	AIGC 工具快速生成个性化销售内容，AI 推荐算法智能化分发	AI 根据客户信息自动生成行业特定解决方案文档，精准推送给目标客户
销售进展跟进与优化	处理烦琐的表格、邮件和会议记录	利用 AI 自动化工具和智能化分析实时追踪销售项目	AI 预测客户购买意图和决策周期，提醒重要的里程碑式跟进
客户关系维护与激活	手动跟进，定期问候	AI 分析客户行为和互动记录，提供最佳跟进策略	AI 推荐合适的沟通内容和时机，自动发送温情问候或行业洞见邮件
销售技能学习与优化	自我摸索，经验积累	AI 数据分析结果提供个性化反馈报告，推荐学习内容	AI 根据销售记录推荐针对性的培训资料和谈判技巧

AI 不仅简化了销售流程，还赋予了销售人员更多的数据洞察与策略灵活性。那些能够充分利用 AI 工具的销售人员，将在未来的市场竞争中脱颖而出，成为真正的销售专家。而那些拒绝变化的销售人员，则可能被快速迭代的市场淘汰。

7.3 从恐惧到自信：销售人员在 AI 时代的新定位

我们正身处一个波澜壮阔的时代。在这个变革的浪潮中，科技正以前所未有的速度迅猛发展，AI 的力量已经汹涌澎湃，向着商业领域的每一个角落凶猛袭来。作为销售人员，我们面临着前所未有的机遇与挑战。

不可否认，我们必须直面一个残酷的事实：曾经许多我们赖以生存的营销手段和销售技巧，都将被 AI 一一颠覆。传统的销售模式下的信息不对称，在 AI 的洞察力面前，将无所遁形。我们是否会被 AI 全面取代？这确实是一个令人忧心的问题。但是，我想对你说："请放下恐惧和迷惘，勇敢拥抱这场变革的浪潮！"因为只有这样，我们才能在激流中立于不败之地。

同时，我也希望你能重振斗志，坚定对这个行业的热爱和信念。让我们再次重申：**销售从来都不是一个简单的推销工作，它是智慧和创造力的高雅体现。**正因如此，AI 的挑战也只会让我们这个行业回归初心，聚焦于更有价值、更高阶的销售层面。我们将以前所未有的姿态，摆脱单一说服的陈旧模式，成为引领未来新销售模式的前行者。

我坚信，未来的 AI 商业竞争将从单纯的产品或技术竞争，上升到有温度的人性化综合体验竞争。在这一过程中，销售人员将依旧扮演举足轻重的角色，成为企业与客户之间的纽带，促成双方的价值融合。

正如老子所言："知人者智，自知者明。胜人者有力，自胜者强。"让我们拥有智慧和明辨，拥有力量和谦逊的勇气！只有这样，我们才能在变革的时代永不陷于被动，才能绽放出夺目的光芒，成为 AI 时代不可或缺的主体！

因此，我希望你能一直怀揣对销售发自内心的热情。不要对 AI 的"冷冰冰"感到惊慌失措，相反，我们要以自信的姿态，主动释放出人性化的亲和力、创造力、同理心，让销售这个职业因你的存在而不同！

附录 A

AIGC 提示词技巧与模板

撰写 AIGC 大模型提示词既是一门艺术，又是一门科学。无论你想要有洞察力的销售话术、朋友圈文案还是实用的客户开发方案，提示词都是相当长时间内你与 AI 互动的语言。

同样是使用 AIGC 大模型，为什么有些人能获得深刻且富有洞察力的答案，而有些人却只能得到平平无奇的回复？答案其实在于一个关键技能——如何巧妙地使用提示词。那么专业的销售人员在提示词方面应该学些什么？

A.1 从动作词开始

使用清晰的、以行动为导向的词语来启动提示，例如"创建""写入""解释"或"生成"。例如，"你能提供有关人工智能趋势的信息吗？"，这个问题可以改写成"请生成有关最新人工智能趋势的报告"。基于行动的提示往往会产生具体且可操作的响应。

我希望你扮演一名说唱歌手。你将想出有力而有意义的歌词、节拍和节奏，让观众惊叹不已。你的歌词应该包含有趣的含义和信息，让人们能够产生共鸣。在选择节拍时，请确保朗朗上口且与你的语言相关，这样每次组合时都会发出爆炸般的声音！你现在需要做的是按照要求写一首关于寻找自己内心力量的说唱歌曲。

A.2　添加背景资料

背景资料是有效引导 AIGC 大模型的关键。在寻求信息或建议时，请提供详细的背景信息。例如，你询问营销策略时，应提及你的行业、目标受众和目标。好的上下文使 AIGC 大模型能够更好地了解你的需求并提供量身定制的响应。

例如，假如你是一个热衷于 AI 的学生，想要了解 AIGC 大模型是如何在对话中处理和生成语言的。如果你仅问"聊天机器人是怎么工作的？"你可能只会得到泛化的内容。但如果你问，"作为一个热衷于 AI 研究的学生，我该如何理解 AIGC 大模型在对话中处理和生成语言的具体过程？"这个问题不仅展示了你的身份和研究背景，还明确了你想深入了解的具体领域。这样，你就更有可能得到一个深入、个性化的答案。

你是一家工业品 B2B 企业的内容销售主管，知道如何吸引潜在客户。给我 5 个我可以写的博客文章主题，以帮助我产生吸引潜在客户的文章。

假如你在担任大客户销售谈判代表，教我一些说服客户接受新价格的心理技巧。

作为一名社交销售专家,你能否根据以下文章为我创建一个300字以下的微信朋友圈内容……

A.3 清晰具体

避免模糊或模棱两可的提示,否则会得到同样模糊的回答。确保你的要求简洁且具体。如果你需要产品描述内容,请指定你想要的产品名称、主要功能和语气。

你可以明确提及你希望 AIGC 大模型解决的任务或主题。这有助于集中响应并避免偏差或模糊的输出。

不要使用"谈论销售策略"之类的通用提示,而要具体化。例如,"针对小型企业的三种有效的内容销售法策略"或"提供优化抖音平台搜索引擎广告的技巧"。

粗糙的提示词:

创建一封感谢客户购买的邮件。

写一个好的微信好友通过的请求。

专业的提示词:

想象一下,我正在给我所在地区的企业的关键决策人打电话。请你创建沟通话术脚本,确保:①邀请他们来参加线下沙龙活动,但又不会显得推销性过强;②给人友好、随意的印象;③避免他们产生潜在反对意见。

创建针对采购关键决策人的 100 字以内的祝其中秋节快乐的问候短信。语言风格真诚,有表情符号,保持友好,不要很机械。

创建一封针对代理机构关键决策人的 300 字以内的邮件。你需要简要解释如何在知乎上找到他们的目标受众,以及为什么使用自动化软件与他们联系。然后,询问他们是否有兴趣参加你售卖的 SaaS 项目的 15 天免费试用活动。

A.4　实验和迭代（多磨合）

不要犹豫，要勇于尝试不同的提示词。AIGC 大模型的多功能性允许进行创造性探索。尝试各种方法来发现最适合你的特定目标的方法。

A.5　使用示例，激发大模型

为了清楚地表达你的期望，可在提示中提供示例。分享一个示例段落或句子，并要求 AIGC 大模型遵循类似的风格。示例可以作为生成符合你想要的内容的有效指南。

你可以做的事情如下。

- ❏ 具备特定领域的知识：如果你想要针对特定领域、公司或行业量身定制内容，应包含可帮助 AIGC 大模型学习术语或最佳实践的内容。
- ❏ 具有一致的风格和语气：为了确保内容或写作风格与语气统一，可分享相关内容材料以帮助 AIGC 大模型更有效地学习并保持想要的风格。
- ❏ 事实检查和准确性：向 AIGC 大模型提供经过验证的信息或资源，以帮助其生成更可靠和更准确的内容。
- ❏ 有专门说明或指南：包括你需要 AIGC 大模型遵循的具体指南，例如法律或销售合规性要求。

A.6　指定长度与格式

必要时提及所需的内容长度，标明长度可确保你收到适当的输出。我希望你创建一篇 1 000 字以内的知乎网站的文章，针对采购企业的所有者或潜在客户的痛点。要包含如何克服这些痛点的内容。但是，不要直呼目标受众的名字，也不要任何广告的信息。在文章的最后加上号召性用语，如果他们有任何问题，请给我发消息。

A.7　指导人工智能

在某些情况下，向人工智能提供明确的指令是有益的。指定你想要在响应中包含、避免或优先考虑的内容。详细的指导可以带来更准确、更相关的答案。

我希望你充当资深产品销售专家。你将创建一个活动来推广你选择的产品。你将选择目标受众，制定关键产品销售话术和口号，选择合作伙伴渠道，并决定实现销售目标所需的任何活动。你现在需要做的是为一种针对18～30岁年轻人的新型能量饮料制作本地社区销售推广活动规划。

A.8　明确语气

正确的语气对于向受众有效传达信息至关重要。无论你是在制作销售材料、文章、短视频脚本、客户支持回复还是其他任何类型的内容，你选择的语气都会对你的消息接收效果产生重大影响。

1.友好且专业

平衡友好性和专业性是创建与受众产生共鸣的内容的关键。这种语气结合了平易近人与可信性，确保你的客户对你的信息感觉舒适和自信。

- 使用热情的问候来建立友好的语气。
- 在整个过程中保持专业的举止。

❑ 直呼客户的名字以体现对应内容是专门针对客户个人的。

适合的内容类型：电子邮件，实时互动，网站上的欢迎信息。

2.权威

当你需要在某个主题上建立自己的专业知识时，权威的语气是你的首选。这种语气在向受众提供有价值的信息时会赢得尊重和关注。

❑ 提供事实、统计数据和专家意见以建立权威。

❑ 逻辑性地组织内容并提供深入的信息。

❑ 使用正式语言，避免过于口语化的表达。

适合的内容类型：白皮书，行业报告，操作指南，网络研讨会。

3.紧迫

有时需要营造一种紧迫感来推动行动。紧迫的语气非常适合促销、限时优惠和活动公告。它可迫使客户立即采取行动，同时激发客户的兴趣。

❑ 使用强烈的动词来表达紧迫性。

❑ 强调时间方面的限制，鼓励立即采取行动。

❑ 纳入明确的号召性用语以做出具体响应。

适合的内容类型：限时优惠，活动报名提示。

4.友善

为了培养与客户的联系，可选择友善的语气。这种方法非常适合博客文章、社交媒体内容以及与年轻人互动。它让人感觉亲切并鼓励客户与你互动。

❑ 使用缩略语和日常用语，这让人更容易产生共鸣。

❑ 提出问题或分享个人轶事以促进客户参与。

❑ 营造友好讨论而非正式讲座的氛围。

适合的内容类型：社交媒体帖子，博客文章，短视频脚本。

5.值得信赖

在沟通中建立信任至关重要。值得信赖的语气会散发出"可靠性"的味道。在商业提案、法律文件和公司通信中使用这种语气可营造安全感。

- ❏ 展示资格和认证以建立信任。
- ❏ 突出显示满意客户的成功故事或感言。
- ❏ 保持语气简洁明了,以传达一种可靠的感觉。

适合的内容类型:客户案例研究,给潜在客户的建议。

6.幽默且非正式

注入幽默的元素可以让你的内容令人难忘和愉快。幽默和非正式的语气非常适合轻松的营销活动、娱乐内容和社交媒体参与。它可以让客户在获取信息的同时获得乐趣。

- ❏ 融入双关语或轻松的笑话。
- ❏ 让幽默与你的主题和形象保持一致。
- ❏ 使用视觉描述或隐喻来创造具有喜剧效果的内容。

适合的内容类型:社交媒体内容与回复,有趣的产品描述。

7.专业、直接

当高清晰度是你的内容要满足的首要需求时,专业而直接的语气就是你的盟友。这种语气非常适合用户手册、技术指南和教学视频。它避免了歧义并确保客户可以轻松遵循说明。

- ❏ 将复杂的流程信息分解为清晰的分步说明。
- ❏ 使用项目符号、编号列表和标题来增强可读性。
- ❏ 注重提供准确、实用的指导。

适合的内容类型:教程和操作指南,流程说明文档。

8.严肃且富有同理心

在敏感情况下,严肃且富有同理心的语气可以传达理解和支持的态度。这种语气适用于客户投诉、慰问和解决社会问题的场景。这种语气可表明你非常关心客户的担忧。

- ❑ 在讨论敏感话题时表达理解和支持的态度。
- ❑ 提供实用的解决方案或资源来帮助客户解决问题。
- ❑ 避免使用轻蔑的语言或将问题简单化。

适合的内容类型：客户投诉回复，危机声明。

9.积极、热情

积极和热情的语气非常具有感染力。积极、热情的语气非常适用于产品发布、成功故事和励志内容。它可以激励你的客户认可你的内容并鼓励他们分享。

- ❑ 使用热情的形容词和感叹号来表达兴奋。
- ❑ 以乐观的方式分享成功故事。
- ❑ 鼓励客户积极采取行动。

适合的内容类型：新产品发布公告，重大喜讯。

10.权威、专业

当你需要传达权威感和专业精神时，这种语气可以达到想要的效果。当你对专业受众讲话时，权威且专业的语气至关重要。这种语气可赢得尊重并体现专业性。

- ❑ 使用正式语言和行业术语来传达专业知识。
- ❑ 提供经过充分研究的证据来支持你的主张。
- ❑ 呈现权威和专业的信息。

适合的内容类型：行业思想领导力文章，会议演讲稿。

大家可尝试使用上述这10个语气提示词来制作内容，以更专业的方式吸引人、传达信息并参与其中。请记住，在选择语气提示词时要考虑你的销售场景和受众的喜好。

销售场景中常用的提示词框架如下。这些可以用在DeepSeek、

Kimi、ChatGPT 等平台。

- ❏ 为潜在客户制定引人注目的销售宣传内容，突出我们 [产品 / 服务] 的独特功能和优势。以下是有关我们产品 / 服务的信息：[产品 / 服务信息]。
- ❏ 为潜在客户制定个性化提案，概述我们的 [产品 / 服务] 可以提供的解决他们痛点的具体方案。以下是他们的痛点：[痛点列表]。
- ❏ 针对客户对我们 [产品 / 服务] 的投诉撰写大众点评上的回复。[产品 / 服务信息]。这是投诉：[客户投诉]。
- ❏ 制定有效的交叉销售和追加销售技术指南，[产品 / 服务信息] 包括识别并向客户提供相关产品建议。
- ❏ 为对我们的 [产品 / 服务] 表现出兴趣的潜在客户写一封电子邮件，解决他们可能存在的问题并提供更多信息。
- ❏ 为电话营销活动创建一个有说服力的销售脚本，为我们的 [公司业务及公司名称] 吸引潜在客户。
- ❏ 生成异议处理列表，[产品 / 服务信息] 以消除销售过程中常见的客户担忧。
- ❏ 创建一个销售演示文稿，重点介绍我们为 [公司名称] 的 [行业] 客户提供的 [产品 / 服务] 的优势和投资回报率。
- ❏ 制定竞争分析报告，将我们的 [产品 / 服务] 与顶级竞争对手进行比较，突出我们独特的卖点和市场优势。以下是我们的竞争对手的列表及其主要功能 [具有功能的竞争对手]。
- ❏ 创建一份潜在客户资格调查问卷，其中包含 [数字] 个问题，供销售代表评估和确定潜在客户的优先级。
- ❏ 为产品演示视频编写销售脚本，展示我们的 [产品 / 服务] 的主要功能和优点。
- ❏ 制订战略后续计划，培养那些已表现出初步兴趣但尚未购

买 [产品 / 服务] 的潜在客户。

- [ ] 创建客户保留策略，包括个性化优惠、忠诚度计划和主动沟通。
- [ ] 制定销售手册，为我们的销售团队概述分步流程、关键卖点和异议处理技巧：[补充信息]。
- [ ] 为现有客户制订推荐计划，以激励他们将联系人推荐给我们：[客户信息]。
- [ ] 构建一个引人注目的小红书种草帖子，突出显示 [品牌 / 产品功能]。
- [ ] 创建一个短视频文本内容，其中包含 [主题] 的提示和技巧。包括以下信息：[信息]。
- [ ] 撰写一篇 [社交媒体渠道] 帖子，分享这个鼓舞人心的客户成功故事以及我们的 [产品 / 服务] 如何产生积极影响：[客户故事]。
- [ ] 开发一系列知乎上的文章，分享有关 [主题] 新兴营销趋势的行业见解。以下是可以开始使用的趋势列表 [趋势列表]。
- [ ] 制定处理愤怒客户问题的分步指南，包括降级技术和冲突解决策略。
- [ ] 创建一个模板回应客户的反馈或评论，表达对他们意见的赞赏，并概述解决他们问题的步骤。

想体验笔者专为本书开发的智能体，可在豆包、通义千问、智谱清言中智能体一栏检索"AI 销冠"。免费使用，助你快速成为销冠。

附录 B
AI 时代销售人员的工具箱

文本生成工具：
- ChatGPT（国际）：自然语言处理和生成能力强大，适用于客服、内容创作、数据分析。
- Claude（国际）：具备高级对话生成和分析能力，适用于复杂客户交互和市场研究。
- Kimi（国内）：智能客服机器人，支持多语言和个性化服务，适合中国市场。
- 豆包（国内）：字节跳动旗下 AI 产品，在短视频脚本创作、智能体方面表现优秀。
- DeepSeek（国内）：推理大模型，在应对销售话术、谈判等复杂问题上有更佳表现。

图片生成工具：
- 创可贴（国内）：提供丰富的设计模板，适合社交媒体、广告和电商平台的图像创作。

- Midjourney（国际）：生成高质量、创意十足的图像，适用于品牌推广和视觉营销。
- DALL-E（国际）：生成复杂且独特的图像，适用于广告创意、产品展示和内容营销。

视频生成工具：

- 剪映（国内）：视频剪辑工具，功能全面，适合短视频、广告片和营销视频制作。
- 说得相机（国内）：AI视频生成工具，支持自动字幕生成和多语言配音，适合社交媒体内容创作。
- Animoto（国际）：视频制作工具，提供模板和自动化视频生成功能，适用于营销和社交媒体相关视频创作。

线上会议工具：

- Zoom（国际）：全球使用广泛的线上会议平台，支持大规模会议和网络研讨会。
- 腾讯会议（国内）：深度集成微信生态，是一款高效的线上会议工具。
- Microsoft Teams（国际）：集成了Office 365，适用于团队协作和企业内部沟通。
- 飞书（国内）：字节跳动推出的企业协作平台，集成了即时通信、会议和文档协作功能。

数据分析工具：

- Excel（国际）：经典的数据处理和分析工具，适用于基本的数据分析和报表制作。
- Power BI（国际）：微软的商业智能工具，支持数据可视化和复杂分析。

- 阿里云 Quick BI（国内）：阿里云推出的商业智能平台，可满足中国市场的数据分析和可视化需求。

社交媒体管理工具：

- Hootsuite（国际）：社交媒体管理平台，支持多平台内容发布和分析。
- Buffer（国际）：社交媒体管理工具，提供内容调度和分析功能。
- 微盟（国内）：国内的社交媒体管理和电商平台，适用于微信生态的营销和管理。

客户关系管理（CRM）工具：

- Salesforce（国际）：全球领先的客户关系管理（CRM）平台，集成数据分析和客户管理功能。
- HubSpot（国际）：全面的 CRM 工具，集成营销、销售和服务功能。
- 销售易（国内）：国内的 CRM 解决方案，适用于本地企业的客户管理和销售自动化。

项目管理工具：

- Trello（国际）：看板式项目管理工具，适合团队协作和任务管理。
- Asana（国际）：项目和任务管理工具，支持复杂项目的规划和执行。
- 石墨文档（国内）：支持团队协作的文档和项目管理工具，适合中国市场的使用习惯。

其他推荐工具：

- 钉钉（国内）：阿里巴巴推出的企业协作平台，集成即时通信、工作流和办公管理功能。

- Slack（国际）：流行的团队协作工具，支持多种集成和自动化工作流。
- Notion（国际）：全能的笔记和项目管理工具，适用于团队协作和知识管理。
- Evernote（国际）：笔记和文档管理工具，适用于个人和团队的知识管理。国内版名称是印象笔记。

附录 C
销售人原型特质量表

这个表旨在帮助你探索和理解自己在销售工作中展现出的主要人格原型特质。这些原型源自著名心理学家卡尔·荣格的理论，它们代表了人类共通的、深层的行为模式和动机。

了解你的主导原型，并非为了给你贴上标签，而是为了达到如下目标。

- ❏ **增强自我认知**：更清晰地认识自己的天性、优势和潜在的盲点。
- ❏ **优化销售策略**：了解如何发挥自身特长，更有效地与客户沟通、获得信任并达成目标。
- ❏ **促进个人成长**：识别可以发展和整合的其他原型特质，使你的销售能力更加全面和灵活。

这个表并非绩效评估工具，表中各个问题的答案也没有对错之分。请根据你在实际销售工作中的真实感受和行为，尽可能诚实地回答每一个问题。

指导语

以下是一系列描述销售情境中感受、想法或行为的句子。请仔细阅读每一句话,并根据与你自身的符合程度,在最能代表你的情况的数字上打勾。

1 = 非常不符合 / 完全不像我

2 = 不太符合 / 不太像我

3 = 一般 / 有时像我

4 = 比较符合 / 有点像我

5 = 非常符合 / 非常像我

题目

1. 我相信只要真诚待人,大多数客户最终会信任我。(1 2 3 4 5)
2. 我喜欢在销售过程中运用幽默的表达方式活跃气氛。(1 2 3 4 5)
3. 我倾向于用逻辑和事实来说服客户。(1 2 3 4 5)
4. 客户常常觉得我平易近人,容易沟通。(1 2 3 4 5)
5. 有时我觉得,为了帮客户利益最大化,不必完全墨守成规。(1 2 3 4 5)
6. 我在与客户沟通时,自然而然地展现出自信和权威性。(1 2 3 4 5)
7. 我对我的产品/服务充满热情,并希望客户也能感受到这份热爱。(1 2 3 4 5)
8. 我容易对一成不变的销售任务感到厌倦。(1 2 3 4 5)
9. 我在准备销售方案或演示稿时,会投入很多精力追求完美和美感。(1 2 3 4 5)
10. 我将客户的拒绝或异议视为需要克服的挑战。(1 2 3 4 5)
11. 我乐于倾听客户的困扰,并提供安慰和实际的帮助。(1 2 3 4 5)

12. 我相信我的工作能够给客户带来深刻的转变和提升。(1 2 3 4 5)
13. 在销售中,我倾向于保持乐观积极的态度,即使遇到挫折。(1 2 3 4 5)
14. 我认为让销售过程变得轻松有趣,有助于建立与客户的关系。(1 2 3 4 5)
15. 客户常认为我是一个知识渊博、值得信赖的顾问。(1 2 3 4 5)
16. 我觉得自己的需求和想法和大多数普通客户很相似。(1 2 3 4 5)
17. 我不喜欢被严格的流程和制度束缚。(1 2 3 4 5)
18. 我擅长掌控复杂的销售局面、协调各方资源。(1 2 3 4 5)
19. 客户的满意度和忠诚度是我最大的动力来源之一。(1 2 3 4 5)
20. 相比固定的销售模式,我更喜欢自由地寻找机会。(1 2 3 4 5)
21. 我认为销售本身也是一种创造的过程。(1 2 3 4 5)
22. 在竞争激烈的环境中,我反而更有动力。(1 2 3 4 5)
23. 我认为销售的核心是服务他人,帮助他们解决问题。(1 2 3 4 5)
24. 我在展示解决方案时,常能给客户带来"眼前一亮"的感觉。(1 2 3 4 5)
25. 我更愿意相信客户所说的话,而不是首先去质疑。(1 2 3 4 5)
26. 我擅长用轻松的方式化解尴尬或紧张的局面。(1 2 3 4 5)
27. 我追求的是理解事物的真相,并帮助客户作出明智的决策。(1 2 3 4 5)

28. 在团队中，我更像一个可靠的成员，而非特立独行的明星。（1 2 3 4 5）

29. 我对那些希望颠覆现状、寻求变革的客户特别感兴趣。（1 2 3 4 5）

30. 我希望客户视我为值得信赖的专家和领导者。（1 2 3 4 5）

31. 我擅长通过建立情感连接来赢得客户的信任。（1 2 3 4 5）

32. 我喜欢探索新的市场、新的客户群体或新的销售方法。（1 2 3 4 5）

33. 我常能想到别人想不到的点子来解决客户的问题。（1 2 3 4 5）

34. 为了赢得订单，我愿意付出额外的努力和坚持。（1 2 3 4 5）

35. 即使短期内没有成交，我也愿意为客户提供价值和关怀。（1 2 3 4 5）

36. 我能够敏锐地洞察客户深层次的、未明确表达的需求。（1 2 3 4 5）

37. 我希望我的产品／服务能给客户带来纯粹的快乐和满足。（1 2 3 4 5）

38. 我不害怕自嘲或展现出活泼的一面。（1 2 3 4 5）

39. 我在销售前会做足功课，深入了解产品、市场和客户信息。（1 2 3 4 5）

40. 我倾向于提供务实、可靠、大多数人都能接受的解决方案。（1 2 3 4 5）

41. 我常能看到别人忽略的、打破常规的解决方案。（1 2 3 4 5）

42. 我倾向于主导销售过程，制订清晰的计划和步骤。（1 2 3 4 5）

43. 对我来说，与客户建立真诚、深入的关系至关重要。（1 2 3 4 5）

44. 我对不同客户的独特需求和背景充满好奇。（1 2 3 4 5）
45. 我喜欢为客户量身定制独特的、富有创意的解决方案。（1 2 3 4 5）
46. 我极其渴望达成甚至超越销售目标，证明自己的能力。（1 2 3 4 5）
47. 我总是优先考虑客户的需求，并尽力提供帮助和支持。（1 2 3 4 5）
48. 我相信通过我的引导，可以帮助客户实现看似不可能实现的目标。（1 2 3 4 5）
49. 相比复杂的策略，我更喜欢简单、直接的沟通方式。（1 2 3 4 5）
50. 我相信"活在当下"，享受每一次与客户的互动。（1 2 3 4 5）
51. 我喜欢通过分享知识、数据和洞察来获得客户的信任。（1 2 3 4 5）
52. 我很容易与来自各行各业的客户找到共同点并建立联系。（1 2 3 4 5）
53. 我喜欢挑战传统的销售方法和行业规则。（1 2 3 4 5）
54. 我追求的是建立稳定、长期、有影响力的客户关系。（1 2 3 4 5）
55. 我非常享受与客户的互动和交流过程。（1 2 3 4 5）
56. 我享受学习新知识、了解行业趋势的过程。（1 2 3 4 5）
57. 我擅长将产品/服务的特点用新颖、吸引人的方式呈现出来。（1 2 3 4 5）
58. 我相信我的产品/服务能够真正帮助客户战胜困难，取得成功。（1 2 3 4 5）
59. 客户服务和售后支持是我非常看重的环节。（1 2 3 4 5）

60. 我擅长描绘愿景，让客户看到使用我们产品/服务后的美好未来。（1 2 3 4 5）

计分规则与说明

第一步：完成答题。请确保你已经对上面所有题目都按照1~5分进行了评分。

第二步：计算各原型得分。请根据下面的"原型计分对照表"，将每个原型对应的**5个题目**的得分相加，得到该原型的总分。例如，要计算"天真者"的总分，你需要找到第1、13、25、37、49题上你的打分，并将这5个分数加起来。

原型计分对照表

原型	计分题目	总分
英雄	第10题＋第22题＋第34题＋第46题＋第58题	
智者	第3题＋第15题＋第27题＋第39题＋第51题	
探险家	第8题＋第20题＋第32题＋第44题＋第56题	
天真者	第1题＋第13题＋第25题＋第37题＋第49题	
创造者	第9题＋第21题＋第33题＋第45题＋第57题	
统治者	第6题＋第18题＋第30题＋第42题＋第54题	
照顾者	第11题＋第23题＋第35题＋第47题＋第59题	
凡夫俗子	第4题＋第16题＋第28题＋第40题＋第52题	
情人	第7题＋第19题＋第31题＋第43题＋第55题	
小丑	第2题＋第14题＋第26题＋第38题＋第50题	
魔法师	第12题＋第24题＋第36题＋第48题＋第60题	
亡命之徒	第5题＋第17题＋第29题＋第41题＋第53题	

第三步：找出主导原型。计算出12个原型的总分后，比较各个原型的得分。得分**最高**的**1到3**个原型，通常代表了你在销售工作中表现最显著、最主要的特质。

第四步：理解与应用。回顾之前提供的**12种原型**的解释，优先阅读你得分最高的几个原型的描述。思考这些描述如何与你的实际销售经验相融合，利用这些认知来发挥你的优势、弥补你的不足，并探索更适合你的原型特质的销售策略和沟通方式。

附录C 销售人原型特质量表

销售原型参考表

销售原型	特征	销售优势	适合的产品	发展建议
英雄型	勇于挑战，解决问题，成果导向	克服阻力，追求目标，解决复杂问题	解决明确痛点的产品、高价值解决方案	增强倾听能力，避免过于注重成交而忽视客户真实需求
智者型	分析思考，提供洞见，知识丰富	专业咨询、数据支持、逻辑说服	技术型产品、复杂解决方案、B2B服务	简化表达，增强情感连接，避免过度分析
探险家型	寻找机会，创新思维，开拓视野	发现新市场、创新销售方法、突破传统	创新产品、新兴市场、颠覆性解决方案	增强执行一致性，提高跟进能力
天真型	真诚坦率，建立信任，注重诚信	快速获得信任，真实呈现，维护长期客户关系	需要高度信任的服务、价值导向的服务	增强商业敏锐度，学习处理复杂情况
创造者型	个性化解决方案，创意展示，差异化价值	定制化方案，独特演示，创新思路	设计类产品、需要创意展示的服务、高度定制化产品	增强执行和跟进能力，注意实际落地
统治者型	掌控引导，建立权威，自信决策	谈判主导，决策引导，高效达成	高端产品、企业级服务、领导力相关服务	增强同理心，避免过度主导而忽视客户意愿
照顾者型	关注需求，提供支持，建立关系	深度客户关系、高满意度、高忠诚度	长期服务类产品、需要持续支持的解决方案	增强商业敏锐度，平衡关系与结果
凡夫俗子型	实用可靠，平等交流，注重实际	务实沟通，产品实用性展示，可靠形象	日常实用型产品、性价比高的产品	增加差异化元素，提升独特价值展示
情人型	创造体验，关注品质，情感连接	愉悦购买天体验，情感价值展示，长期关系	奢侈品、体验型产品、情感价值高的服务	增强逻辑说服力，平衡情感与实质
小丑型	轻松互动，幽默应变，活跃气氛	缓解紧张，活跃气氛，难忘印象	社交场合产品、娱乐相关服务、轻松体验类产品	增强专业深度，避免中不失专业
魔法师型	展示转变，启发可能，引导愿景	愿景创造，变革激发，可能性展示	变革性产品、前沿技术、创新解决方案	注重实际落地，确保愿景可实现
亡命之徒型	挑战常规，独特视角，创新思路	打破思维局限，差异化定位，创新方案	颠覆性产品、非传统解决方案、新兴市场产品	注意客户接受度，避免过于前卫而脱离客户现实

241

销售是否能成功不在于能否改变自己,而在于是否充分了解并发挥自己的原型优势,同时有意识地弥补原型盲点。厉害的销售人员能够在真实展现自我的同时,根据不同场景灵活调整自己的销售风格。

你可以根据销售的人格类型进行有效"排兵布阵",在不同销售阶段通过组合原型优势对挑战进行积极应对。

销售阶段	最具优势的原型组合
首次接触	情人型、小丑型、天真型
需求分析	智者型、照顾者型、探险家型
产品展示	创造者型、魔法师型、英雄型
处理异议	统治者型、智者型、亡命之徒型
谈判定价	统治者型、凡夫俗子型、英雄型
促成交易	英雄型、魔法师型、情人型
客户维护	照顾者型、凡夫俗子型、情人型
交叉销售	探险家型、魔法师型、创造者型

重要提示

❑ 每个原型都有其独特的价值和优势,没有好坏之分。

❑ 分数的高低仅反映你在多大程度上认同该原型所描述的行为倾向。

❑ 这是一个自我探索的工具,请用开放的心态来看待结果,并将其作为个人成长的起点。

参考文献

[1] 梅斯特,格林,加弗德.值得信赖的顾问:成为客户心中无可替代的人[M].吴卫军,李东旭,译.北京:机械工业出版社,2018.

[2] 兰西奥尼.示人以真:健康组织这样开展业务[M].刘向东,刘慧侬,译.北京:电子工业出版社,2019.

[3] 汉德利,查普曼.内容营销指南:手把手教你创作爆款文案[M].王驰惠,译.北京:中国广播影视出版社,2023.

[4] 克拉夫.说服的艺术[M].李佳蔚,译.长沙:湖南文艺出版社,2022.

[5] 狄克逊,亚当森.挑战式销售[M].唐兴通,徐欣,译.杭州:浙江教育出版社,2024.

[6] 罗杰斯.创新的扩散[M].唐兴通,郑常青,张延臣,译.北京:电子工业出版社,2016.

[7] 道森.优势谈判:一位王牌谈判大师的制胜秘诀[M].刘祥亚,译.重庆:重庆出版社,2008.

[8] 沃斯,拉兹.掌控谈话:解决问题的关键技能[M].赵坤,译.北京:北京联合出版公司,2018.

[9] 贝尔福特.华尔街之狼:掌握直线销售的艺术[M].贺娟,译.北京:中信出版集团股份有限公司,2019.

[10] 舒尔茨,杜尔.绝对成交:大客户营销内训手册[M].伍文韬,译.北京:中国科学技术出版社,2023.

[11] 邦内尔.雪球销售法[M].信任,译.北京:科学技术文献出版社,2021.

[12] 柯维.高效能人士的七个习惯:三十周年纪念版[M].北京:中国青

年出版社，2018.

[13] 温伯格.销售真相：99%的普通销售都不懂的销售法则[M].王玉，译.北京：电子工业出版社，2021.

[14] 罗伯格.销售加速公式：如何实现从0到1亿美元的火箭式增长[M].高成资本，译.北京：机械工业出版社，2021.

[15] 斯坦利.销售就是要玩转情商：99%的人都不知道的销售软技巧[M].佘卓桓，译.武汉：武汉出版社，2015.

[16] 斯托茨福斯.提问的威力：教练问题全清单[M].赵学敏，译.北京：华夏出版社，2014.

[17] 吉特默.销售圣经：终极销售资源[M].杨洁，杨帆，译.北京：中信出版社，2015. .

[18] 西奥迪尼.影响力：全新升级版[M].闾佳，译.北京：北京联合出版公司，2021.

[19] 雷克汉姆.销售巨人：大订单销售训练手册[M].石晓军，译.北京：中华工商联合出版社，2010.

[20] 米勒，黑曼，图勒加.新战略营销：第3版[M].齐仲里，姚晓冬，王富滨，译.2版.北京：中央编译出版社，2023.

[21] 斯涅克.从"为什么"开始：乔布斯让Apple红遍世界的黄金圈法则[M].苏西，译.深圳：海天出版社，2011.

[22] 皮泊斯，容格斯.客户关系管理：战略框架：第2版[M].郑志凌，梁霞，邓运盛，译.北京：中国金融出版社，2014.

[23] 伯查德.专业化生存：在你擅长的领域成为专家[M].王岑卉，译.北京：中国华侨出版社，2014.

[24] 法拉奇，雷兹.别独自用餐：85%的成功来自高效的社交能力[M].前十网，译.上海：文汇出版社，2017.

[25] 哈南.顾问式销售：向高层进行高利润销售的哈南方法：第8版[M].郭书彩，闫屹，译.北京：人民邮电出版社，2013.

[26] 休斯，雷诺兹.社交销售：人人都是销售员[M].黎非凡，译.北京：北京联合出版公司，2017.

[27] 希思C，希思D.让创意更有黏性：创意直抵人心的六条路径[M].姜奕晖，译.3版.北京：中信出版社，2014.

[28] 卡耐基.人性的弱点[M].陆泉枝,译.上海：上海译文出版社,2021.

[29] 科文,克拉林格,兰巴赫,等.灵活应变的销售[M].刘万鹏,译.北京：东方出版社,2010.

[30] 布莱.文案创作完全手册：文案大师教你一步步写出销售力：第4版[M].刘怡女,袁婧,译.北京：北京联合出版公司,2023.

[31] 马克,皮尔森.如何让品牌直击人心：品牌的12个心理原型[M].侯奕茜,译.北京：中信出版集团股份有限公司,2020.

[32] 里德.买方立场：永续销售的秘密[M].文彦,译.北京：中华工商联合出版社,2012.

[33] 唐兴通.引爆社群：移动互联网时代的新4C法则[M].3版.北京：机械工业出版社,2023.

推荐阅读

引爆社群：移动互联网时代的新4C法则 第3版
ISBN：978-7-111-73771-1

  畅销书，累计印刷近30次。本书提出的"新4C法则"为社群时代的商业践行提供了一套科学的、有效的、闭环的方法论，前两版上市后获得了大量企业和读者的追捧，"新4C法则"在各行各业被大量解读和应用，累积了越来越多的成功案例，被公认为社群时代通用的方法论。正因如此，前两版上市后，获得CCTV、京东、《清华管理评论》、得到、溪山读书会等大量知名媒体和机构的推荐，还成为多家商学院的教材。

品牌营销100讲：基础强化与认知颠覆
ISBN：978-7-111-62273-4

  畅销书，累计印刷近20次。这是一部能帮助品牌新人肃清错误认知、强化科学认知、构建品牌知识框架的著作，也是一部可供品牌从业者随时查阅的工作手册，是国内知名品牌咨询专家15年工作经验的结晶。本书从核心概念、高效执行法则和技巧、必备实操技能、高频和流行词汇4个维度精心打造了100门课程，涵盖品牌、营销、公关、广告、新媒体5个领域，线上同款课程已经有超过50000名学员付费。